D1926699

1001 FRAGEN UND ANTWORTEN

Die Tierwelt

MICHELE STABLE UND LINDA GAMLIN

INHALT

© Larousse plc
Genehmigte Sonderausgabe

DAS TIERREICH

Wodurch unterscheidet sich ein Tier von einer Pflanze?

Der Hauptunterschied besteht darin, daß Tiere fressen müssen. Die Pflanzen machen sich ihre eigene Nahrung, und zwar aus Sonnenlicht und einer grünen Substanz in ihren Blättern, die man Chlorophyll nennt. Da Tiere kein Chlorophyll haben, müssen sie sich durch das Fressen von Pflanzen oder anderen Tieren ernähren. Im Unterschied zu den Pflanzen können sich die meisten Tiere bewegen. Das heißt aber nicht, daß sich alle Tiere bewegen können. Einige, wie zum Beispiel Korallen und Schwämme, müssen ihr ganzes Leben an ein und demselben Fleck verbringen. Viele Tiere besitzen spezialisierte Sinnesorgane, wie Augen und Ohren, mit deren Hilfe sie beobachten, was um sie herum vorgeht. Sie besitzen darüber hinaus auch Nervenzellen, die blitzschnell Nachrichten durch ihren Körper transportieren, so daß sie sehr schnell reagieren können.

Wie bewegt sich ein Tier?

Ein Tier bewegt sich, indem es seine Muskeln benutzt. Muskeln sind besondere Körperteile, die sich zusammenziehen und verkürzen, und dann wieder entspannen und ausdehnen können. Bei den meisten Tieren arbeiten die Muskeln so, daß sie an einem festen Teil des Körpers, dem sogenannten Skelett, ziehen. Das Skelett besitzt Gelenke, die zwar beweglich sind, aber nur in bestimmte Richtungen. Somit trägt das Skelett zur Lenkung und Steuerung der Muskelbewegungen bei.

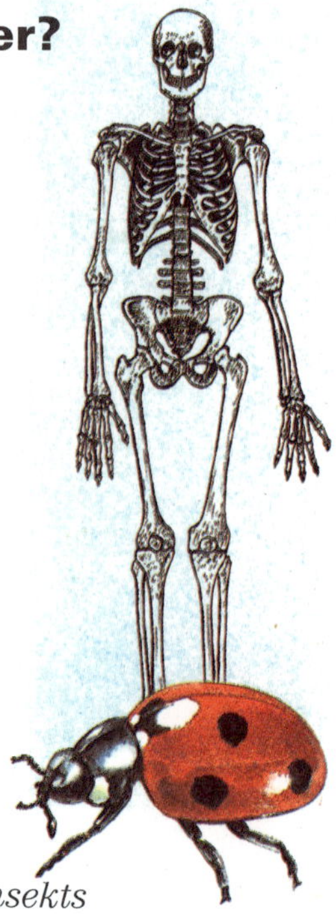

Skelett des Menschen und eines Insekts

Worin besteht der wichtigste Unterschied zwischen einem Hund und einer Spinne?

Eine Spinne besitzt doppelt soviel Beine wie ein Hund, aber es gibt einen noch wichtigeren Unterschied, der mit dem Skelett zusammenhängt. Ein Hundeskelett besteht aus langen, dünnen Knochen im *Inneren* des Körpers. Das Skelett einer Spinne befindet sich *außerhalb* des Körpers, ähnlich einer Rüstung. Insekten und Krebse besitzen ebenfalls ein solches Skelett, das man *Exoskelett* nennt. Vögel und Säugetiere, wie wir Menschen besitzen dagegen ein Skelett im Inneren unseres Körpers, ein sogenanntes *Endoskelett.*

Was ist ein Wirbeltier?

Ein *Wirbeltier* ist ein Tier, zum Beispiel ein Hund, das ein Rückgrat oder eine Wirbelsäule besitzt. Die Wirbelsäule ist eine aus Wirbeln zusammengesetzte Knochensäule, mit der alle Gliedmaßen durch Gelenke verbunden sind. Im Wirbelkanal liegen die wichtigsten Nervenstränge, die vom und zum Gehirn laufen. Es gibt fünf Gruppen von Wirbeltieren: Fische, Amphibien (Frösche und Kröten), Reptilien (Schlangen und Eidechsen), Vögel und Säugetiere. Alle anderen Tiere heißen *Wirbellose.*

Wie viele Beine hat ein an Land lebendes Wirbeltier?

Für gewöhnlich besitzen an Land lebende Wirbeltiere vier Beine, aber einige Wirbeltiere haben auch nur zwei oder gar keine. Schlangen, Wale und Delphine sowie eine Gruppe von Amphibien, die man *Caeciliiden* nennt, haben ihre Beine vollständig verloren. Wenn man sich allerdings ihr Skelett ansieht, bemerkt man, daß ihre Vorfahren vier Beine besessen haben. Bei vielen Wirbeltieren haben sich die Beine zu anderen Arten von Gliedern umgebildet. Bei den Vögeln wurden aus den Vordergliedern die Flügel. Bei Robben und Walen haben sich die Vorderbeine zu Schwimmflossen entwickelt.

Wie viele verschiedene Arten von Tieren können fliegen?

Drei: Vögel, Fledermäuse und Insekten. Früher gab es noch eine weitere Gruppe fliegender Tiere, die sogenannten *Pterosauriere* oder *Pterodactylen*. Dabei handelte es sich um Reptilien, die heute ausgestorben sind. Es gibt auch Tiere, die nicht richtig fliegen, sondern eher gleiten. Sie schlagen nicht mit den Flügeln, wie es richtige Flieger tun, sondern spreizen große Hautlappen auseinander, mit deren Hilfe sie oft viele Meter dahingleiten. Zu den Gleitfliegern gehören die Flughörnchen, die fliegenden Lemuren, eine fliegende Eidechse und sogar ein fliegender Frosch.

Drei Arten von fliegenden Tieren: 1. Vögel, 2. Fledermäuse und 3. Insekten.

Was ist ein Raubtier?

Ein Raubtier ist ein Tier, das vom Töten und Fressen anderer Tiere lebt. Die Tiere, die es jagt, sind seine *Beute*.

Was ist eine Art?

Eine Art ist die kleinste Gruppe von Tieren, die sich untereinander, jedoch nicht mit Angehörigen anderer Arten fortpflanzen können. Ihre Nachkommen müssen sich ebenfalls erfolgreich fortpflanzen können. Angehörige derselben Art sehen normalerweise sehr ähnlich aus. Menschen gehören alle zur Art *Homo sapiens*.

Leoparden sind geschickte Jäger.

Warum atmen Tiere?

Tiere atmen, weil sie ein Gas brauchen das *Sauerstoff* heißt, und das ein Bestandteil der Luft um uns herum ist. Sauerstoff ist auch im Wasser gelöst; Fische und andere Unterwasserlebewesen atmen ebenfalls Sauerstoff. Manchmal hat das Wasser zuwenig Sauerstoff, und dann sterben viele der Tiere, die darin leben.

Welche Tiere leben von dem Nektar, den die Pflanzen produzieren?

Einige Gruppen von Tieren leben von Nektar; die bekanntesten von ihnen sind Fluginsekten wie Schmetterlinge, Motten, Bienen und Schwebfliegen. In den Tropen leben auch einige Fledermäuse, die sich sowohl von Nektar als auch von Blumenpollen ernähren. Verschiedene Vögel nippen ebenfalls am Nektar, so zum Beispiel die afrikanischen Sonnenvögel und die amerikanischen Kolibris. Diese Vögel ergänzen ihren Speisezettel durch die Insekten, die sie in den Blumen finden. Schließlich gibt es noch ein kleines Säugetier in Australien mit dem Namen Honig-Opossum, das sich vom Nektar und von den Pollen großer Blumen ernährt.

Was ist ein Fleischfresser?

Ein Tier, das andere Tiere als Nahrung braucht. Tiere, die Pflanzen fressen heißen *Pflanzenfresser*. Tiere, die von pflanzlicher und tierischer Nahrung leben, heißen *Allesfresser*.

Chamäleons können ihre Farbe von einem Augenblick auf den anderen ändern, um sich ihrer Umgebung anzupassen.

Welche Tiere können blitzschnell ihre Farbe ändern?

Chamäleons sind die bekanntesten Tiere, die ihre Farbe schnell ändern können. Aber auch verschiedene Fische, wie zum Beispiel Schollen, oder Weichtiere, darunter die Tintenfische, können ihre Farbe von einem Augenblick auf den anderen wechseln. Alle diese Tiere haben in der Haut liegende Farbzellen, die sie erweitern oder zusammenziehen können, wodurch sich die Hautfarbe ändert. Sie ändern ihre Farbe, um sich ihrer Umgebung anzupassen oder dann, wenn sie angegriffen werden. Tintenfische können z.B. ihren Körper streifenförmig einfärben, um einen Angreifer abzuschrecken. Plattfische, wie etwa die Schollen, wechseln ihre Farbe nur zur Tarnung, um sich beim Schlafen der Farbe des Meeresbodens anzupassen.

Welche Tiere bringen lebende Junge zur Welt?

Die maßgeblichen Tiergruppen sind Säugetiere wie Hunde, Katzen, Affen und Känguruhs. Daneben gibt es aber noch viele andere Tiere, die auch lebende Junge zur Welt bringen, so zum Beispiel einige Fisch-, Schlangen-, Insekten- und Seesternarten. Alle diese Arten sind „Ausnahmen von der Regel“, da sie zu Tiergruppen gehören, die normalerweise Eier legen. Im Laufe der Evolution haben diese Tiere die Fähigkeit entwickelt, die befruchteten Eier im Körper zu behalten, bis die Jungen geschlüpft sind.

Welcher Vogel berührt niemals den Boden?

Viele Mauersegler berühren während ihres ganzen Lebens niemals den Boden. Sie sind hervorragende Flieger, und da ihre Körper sich so gut an ein Leben in der Luft angepaßt haben, können sie nicht auf dem Boden laufen oder hüpfen. Wenn Mauersegler durch Zufall auf den Boden fallen, fällt es ihnen schwer, wieder zu starten.

Welche Tiere haben ein Fell?

Säugetiere sind die Hauptgruppe der Tiere, die ein Fell haben, obwohl es einige Säugetierarten gibt, z.B. Wale, die im Laufe der Evolution ihr Fell verloren haben. Einige wenige andere Tierarten haben ebenfalls eine Art Fell, das den gleichen Zweck erfüllt wie das Fell bei den Säugetieren, nämlich den, die Körperwärme nicht entweichen zu lassen. Große Fluginsekten wie Hummeln und Schwärmer sind oftmals befellt. Es handelt sich bei ihnen zwar um „kaltblütige“ Tiere, aber sie müssen ihre Muskeln aufwärmen, bevor sie fliegen können. Zu diesem Zweck lassen sie ihre Muskeln eine Zeit lang zittern. Hierdurch wird Wärme erzeugt, die das Fell dann am Körper hält.

Welche Tiere, außer den Vögeln, haben Federn?

Federmotten haben Flügel, die aussehen, als bestünden sie aus winzigen Federn. Die meisten Federmotten-Arten haben fünf „Federn“ auf jeder Seite ihres Körpers; zwei davon haben sich als Ersatz für die Vorderflügel, und die anderen drei als Ersatz für die Hinterflügel entwickelt.

Füttern Vögel ihre Jungen mit Milch?

Ja, einige Vogelarten füttern ihre Jungen mit einer nährstoffreichen Flüssigkeit, die der Milch von Säugetieren sehr ähnlich ist. Die Vögel, die ihre Küken auf diese ungewöhnliche Weise aufziehen, sind die Tauben, der Große Flamingo und der Kaiserpinguin. Die Milch wird von einem Teil des Verdauungssystems, dem sogenannten Kropf, produziert.

Warum haben Elefanten kein Fell?

Elefanten sind so groß, daß sie kein Fell brauchen. Andere Säugetiere haben ein Fell, um zu verhindern, daß ihre Körperwärme entweicht. Je größer ein Körper ist, um so größer ist die Wärmemenge, die erzeugt und über die Haut abgegeben wird; also kann man sagen, je mehr Haut vorhanden ist, um so mehr Wärme geht verloren. Ein Elefant hat mehr Haut als die meisten anderen Tiere. Aber entscheidend ist letztlich das Verhältnis zwischen dem Körpervolumen und der Hautfläche. Je größer das Tier ist, um so geringer ist seine Hautfläche im Verhältnis zu seinem Gesamtvolumen. Somit verliert ein großes Tier weit weniger Wärme als ein kleines Tier.

Elefanten brauchen kein Fell; ihr großer Körper hält sie warm.

Was ist ein Parasit?

Ein Parasit ist ein Tier, das sich von einem anderen Organismus ernährt (dem Wirt). Flöhe leben davon, daß sie einem größeren Tier Blut aussaugen, und Bandwürmer leben in den Eingeweiden größerer Tiere und nehmen dort Nahrung auf. Einige mikroskopisch kleine Parasiten nehmen ihre Nahrung im Blut oder in den Zellen eines anderen Tieres auf. Parasiten sind für ihre Ernährung völlig von ihrem Wirt abhängig, töten diesen aber normalerweise nicht.

Schlafen alle Tiere in der Nacht?

Nein, manche Tiere verbergen sich am Tag, um zu schlafen, und kommen nur nachts aus ihrem Versteck; diese Tiere nennt man *nachtaktiv*. Tiere und auch uns Menschen, die tagsüber wach und aktiv sind, nennt man *tagaktiv*. Es gibt jedoch auch einige Tierarten, wie zum Beispiel Hirsche, die für gewöhnlich am Abend und am frühen Morgen aktiv sind. Von ihnen sagt man, daß sie nur *im Zwielicht erscheinen*.

Wie können wir feststellen, ob Tiere träumen?

Beim Menschen kann man mehrere verschiedene Arten von Schlaf unterscheiden. Eine davon nennt man REM-Schlaf (Rapide Eye Movement = schnelle Augenbewegung), und in ihm träumen wir. Bei vielen verschiedenen Säugetieren und auch einigen Vogelarten hat man REM-Schlaf nachgewiesen, man kann also annehmen, daß sie träumen. Bei Hunden, Katzen, Pferden und Schimpansen liegt die Sache sogar noch klarer. Ihre Pfoten oder Schnurrhaare zucken manchmal während des REM-Schlafs, und sie geben auch Laute von sich, gerade so, als würden sie träumen.

Welches Tier verbringt die meiste Zeit schlafend?

Das Virginia Opossum, das von 24 Stunden 18 schläft. Es ist wahrscheinlich das verschlafenste Tier. Wenn Tiere überwintern, können sie sogar mehrere Wochen am Stück „schlafen". Der Winterschlaf ist allerdings nicht dasselbe wie normaler Schlaf, da die Körpertemperatur des Tiers fällt und die Prozesse in seinem Körper ganz langsam werden und fast zum Stillstand kommen.

Könnte eine Hälfte deines Gehirns schlafen, während die andere Seite wachbleibt?

Nein, aber wenn du ein Delphin wärst, ginge es. Delphine sind Säugetiere, die durch die Lungen atmen müssen. Wenn sie nicht an die Wasseroberfläche kommen können, um zu atmen, ertrinken sie. Deshalb kann es sich ein Delphin nicht leisten, richtig zu schlafen. Die Lösung ist, daß zuerst die eine Hälfte seines Gehirns eine Stunde lang schläft, und dann die andere. Experimente haben gezeigt, daß beim Delphin immer nur eine Gehirnhälfte schläft.

Haben alle Tiere Blut?

Nein – einige der einfachsten Tierarten, wie Schwämme, Seeanemonen und Plattwürmer, kommen ohne Blut aus. In größeren, komplexeren und aktiveren Tieren transportiert das Blut Nährstoffe und Sauerstoff durch den Körper. Sehr kleine oder langsame, einfache Tiere können auch leben, ohne daß Sauerstoff und Nährstoffe schnell durch ihren Körper zirkulieren. Bei ihnen wandern diese Stoffe dank eines Prozesses, den man Diffusion nennt, durch den Körper. Obwohl die *Diffusion* langsam abläuft, ist sie für einfache Tiere immer noch schnell genug.

Ist Blut immer rot?

Nein, einige Arten von wirbellosen Tieren haben blaues und einige Wurmarten grünes Blut.

Welches Tier kann die lautesten Töne von sich geben?

Die lautesten Töne gibt der Blauwal von sich. Um mit seinen Gefährten Kontakt zu halten, sendet er Niederfrequenzsignale von ohrenbetäubender Lautstärke aus. Man hat in einigen Fällen eine Lautstärke von über 180 Dezibel gemessen, was bedeutet, daß die Töne lauter sind als der Lärm, den ein Düsenflugzeug beim Start verursacht! Mit empfindlichen Instrumenten konnte man diese Töne noch in einer Entfernung von über 800 Kilometern registrieren. Das lauteste Tier im Verhältnis zu seiner Größe ist das Zikadenmännchen, das während der Brutzeit einen ununterbrochenen surrenden Ton von sich gibt. Bei einer Gruppe von Zikaden, die auf einem Baum saß, hat man eine Lautstärke von 100 Dezibel gemessen, was ungefähr der Lautstärke einer spielenden Rockband entspricht.

Welche Tiere singen?

Die wichtigste Gruppe von Sängern im Tierreich sind natürlich die Vögel, aber es gibt auch einige Wale, die singen, besonders die Buckelwale. Wale singen, um untereinander Kontakt zu halten und um während der Fortpflanzungszeit einen Gefährten zu finden. Auch von den Heuschrecken sagt man, daß sie singen, obwohl die Töne, die sie von sich geben, weniger melodisch sind. Es besteht kein wirklicher Unterschied zwischen einem Lied und einem Ruf (wie zum Beispiel dem Quaken eines Frosches, dem Bellen eines Hundes und dem Kreischen eines Papageis). Die Tiere selbst können wahrscheinlich nicht zwischen musikalischen und unmusikalischen Tönen unterscheiden.

Langohr-Fledermaus

Wie viele Tierarten verwenden Echopeilung oder „Radar"?

Mindestens drei, wahrscheinlich sogar mehr. Die wichtigsten sind Fledermäuse und *Cataceen* (Wale und Delphine). Beide bedienen sich sehr hoher Töne (die wir nicht hören können) für die Echopeilung, und beide können die Echos dieser Töne mit erstaunlicher Genauigkeit erfassen. Die Echopeilung ermöglicht den Fledermäusen, in völliger Dunkelheit zu fliegen. Dabei können sie selbst dünne Drähte „sehen", die über ihren Weg gespannt sind. Bei einer weiteren Gruppe von Tieren hat man die Verwendung von Echopeilung entdeckt; es sind die Spitzmäuse und andere kleine nachtaktive Säugetiere. Sie können sich mit Hilfe der Echopeilung zumindest in der Nacht zurechtfinden. Auch einige höhlenbewohnende Vögel verfügen über Echopeilung.

Welches Tier hat die meisten Beine?

Im Augenblick ist es ein afrikanischer Tausendfüßer, an dem man mehr als 700 Füße gezählt hat. Trotz seines Namens hat kein Tausendfüßer wirklich 1000 Beine.

Blauwal

Warum hängen Fledermäuse mit dem Kopf nach unten?

Weil ihre Hinterbeine zu klein und zu schwach sind, als daß sie auf ihnen aufrecht sitzen könnten. Fliegende Tiere müssen so leicht wie möglich sein, um fliegen zu können. Während Vögel deshalb einen leichten Schnabel anstelle von Zähnen besitzen, sind Fledermäuse sehr leicht, weil sie unter anderem nur winzige Hinterbeine haben. Fledermäuse sind nachtaktive Tiere und schlafen tagsüber in Höhlen oder hohlen Bäumen. Dort brauchen sie keine Raubtiere befürchten, da diese solche dunklen Höhlen gewöhnlich meiden. Aus diesem Grund können es sich Fledermäuse leisten, nur kurze Hinterbeine zu haben, die sie am Boden langsam und unbeholfen machen.

Welches ist das längste Tier der Welt?

Das längste Tier ist wahrscheinlich der Schnurwurm, der an den Küsten Großbritanniens vorkommt. Ein riesiges Exemplar wurde auf eine Länge von mindestens 55 Metern geschätzt. Um den zweiten Platz streiten sich der Blauwal mit einer Länge von bis zu 34 Metern und der Wal-Bandwurm, der eine Länge von etwa 30 Metern erreichen kann.

Was ist ein Gliederfüßer?

Ein Gliederfüßer ist ein wirbelloses Tier, dessen Körper von einem harten Außenskelett (Exoskelett) geschützt wird, und dessen Füße jeweils mehrere Glieder haben und in Paaren auftreten. Beispiele für Gliederfüßer sind Insekten, Krebse, Spinnen, Skorpione und Hundertfüßer. Sie sind so überlebensstark, daß sie praktisch überall auf der Erde vorkommen: auf dem Land, im Wasser und in der Luft. Zu den Gliederfüßern gehören mehr als eineinhalb Millionen Arten.

Aus welcher Tierart haben sich die ersten Säugetiere entwickelt?

Die ersten Säugetiere entwickelten sich aus einer Gruppe von fleischfressenden Reptilien, den sogenannten *Therapsiden* oder „säugetierähnlichen Reptilien". Diese Tiere lebten vor etwa 280 bis 190 Millionen Jahren und bevölkerten das Land lange bevor die ersten Dinosaurier erschienen. Das Dimetrodon ist wahrscheinlich das bekannteste Beispiel für diese frühen Reptilien. Es konnte über drei Meter lang werden und zeichnete sich durch einen gewaltigen, segelähnlichen Kamm aus, der aus seinem Rücken herauswuchs. Die Wissenschaftler nehmen an, daß dieses Segel dem Tier half, sich in der Morgensonne schneller aufzuwärmen.

Spinnen produzieren „Seide", um daraus ihre Netze zu weben.

Wie viele verschiedene Tierarten produzieren Seide?

Mindestens drei verschiedene Gruppen von Tieren. Am bekanntesten sind die Spinnen, die aus der Seide Netze und Trichter machen, um Beute zu fangen. Eine Gruppe von Insekten produziert ebenfalls Seide – die Nachtfalter, deren Raupen unter dem Namen Seidenwürmer bekannt sind. Sie hüllen sich in Seide ein, bevor sie in das Ruhestadium, die sogenannte Puppe eintreten, aus der sie als erwachsene Nachtfalter hervorgehen. Von diesen Puppen stammt der Faden, aus dem man den Seidenstoff herstellt. Die dritte Gruppe sind die winzigen *Symphylanen*, die mit den Tausend- und Hundertfüßern verwandt sind.

Woraus besteht ein Tierkörper?

Zum größten Teil – nämlich zu 70 bis 80 Prozent – aus Wasser. Der zweitwichtigste Bestandteil sind die Proteine, von denen es viele tausend verschiedene gibt, und jedes hat eine eigene Aufgabe. Aus einigen bilden sich die Muskeln, die Sehnen und die Knochen, andere wiederum findet man im Blut, in der Haut, im Fell und in den Klauen. Proteine bilden darüber hinaus auch das Grundgewebe aller anderen Körperteile. Der dritte wichtige Bestandteil ist Fett, das zur Speicherung von Energie dient. Aus Fetten bestehen auch die Membranen, die jede Zelle im Körper umgeben. Ein vierter wichtiger Bestandteil findet sich zwar nur in winzigen Mengen, spielt aber dennoch eine überaus wichtige Rolle. Es ist die DNA (**D**esoxyribo**n**uclein**a**cid). Sie ist ein chemischer Kode, der alle Informationen enthält, die den Aufbau des Tierkörpers betreffen. Diese Informationen werden bei der Fortpflanzung auch an die Nachkommen vererbt.

WEICHTIERE

Einzeller

Was ist ein Protozoon?

Ein Protozoon ist die einfachste Tierart, die man finden kann – es besteht aus nur einer Zelle. Wenn man einen Tropfen Wasser aus einem Teich unter dem Mikroskop betrachtet, kann man möglicherweise hunderte dieser winzigen Tierchen sehen. Man weiß, daß es 50 000 verschiedene Arten von Protozoen gibt.

Wie bewegen sich einzellige Tiere?

Einzellige Tiere bewegen sich auf drei verschiedene Weisen. Einige besitzen eine winzige, vorstehende, geißelartige Struktur (ein *Flagellum*), mit der sie wedeln und sich so fortbewegen. Andere wiederum sind über und über mit winzig kleinen Härchen *(Cilien)* bedeckt, deren rhythmisches Schlagen Bewegung hervorruft. Amöben krabbeln dahin, indem sie einen Teil der Zelle ausstrecken und dann den Rest des Körpers nachziehen und so fort.

Wie pflanzt sich eine Amöbe fort?

Um eine weitere Amöbe zu erzeugen, spaltet sich eine Amöbe einfach selbst. Wenn eine Amöbe voll ausgewachsen ist, teilt sich der Zellkern – das „Kontrollzentrum“, in dem das gesamte Erbmaterial enthalten ist – in zwei genau gleichgroße Hälften. Unmittelbar darauf teilt sich auch die gallertartige Substanz *(Zytoplasma)*, aus der der Rest des Amöbenkörpers besteht. Die daraus entstandenen zwei Amöben sind identisch.

Wodurch wird Malaria hervorgerufen?

Das winzige Protozoon *Plasmodium vivax* ist der Übeltäter. Es lebt normalerweise in den Speicheldrüsen des weiblichen *Anopheles*-Moskitos, wandert jedoch sofort in die Leber jeder Person, die zufälligerweise von dem Moskito gebissen wird. In der Leber vermehrt sich das *Plasmodium*, infiziert die roten Blutkörperchen und läßt sie platzen. Die Krankheit wird von Mensch zu Mensch übertragen, wenn der weibliche Moskito das Blut einer infizierten Person saugt und bei seiner nächsten Mahlzeit das *Plasmodium* auf eine noch nicht infizierte Person überträgt.

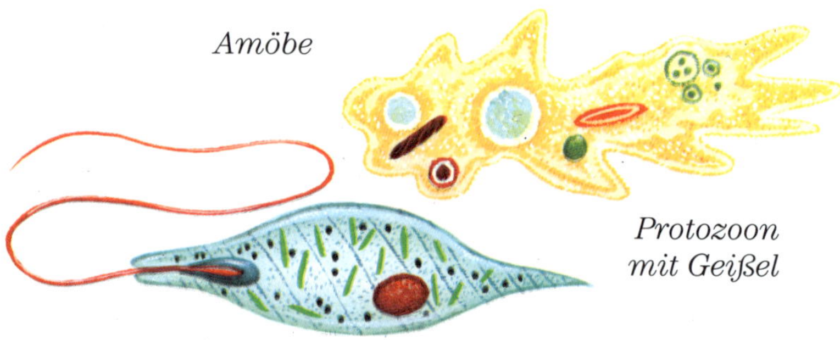

Ist ein Euglena eine Pflanze oder ein Tier?

Es ist beides. Normalerweise empfängt ein Euglena seine Energie vom Sonnenlicht wie eine Pflanze, wenn es jedoch in Dunkelheit gehalten wird, kann es durch seine Zellwände Nahrungspartikel aufnehmen wie ein einfaches Tier.

Ist ein Schwamm ein Tier?

Ja, ein Schwamm ist ein Tier, wenn er sich auch sehr von anderen Tieren unterscheidet. Er besitzt kein Nervensystem und keine Muskeln, mit deren Hilfe er sich fortbewegen könnte. Statt dessen ist der Schwamm eine Ansammlung einzelner Zellen, die sich zu einem einzigen Körper organisiert und am Meeresboden verankert haben.

Einfache Tiere

Woraus besteht eine Koralle?

Korallen bestehen aus den winzigen Kalk-„Skeletten“ einzelner Tiere, die man *Korallenpolypen* nennt. Wenn die Polypen heranwachsen, stoßen sie Fasern aus, aus denen ein anderer Polyp entsteht, der seinen Erzeuger unter sich begräbt. Dieser Prozeß, den man *Knospung* nennt, hört niemals auf, so daß sich im Laufe der Zeit große Korallengebilde entwickeln können. Die Form dieser Gebilde ist von Korallenart zu Korallenart verschieden, da jede ihr eigenes charakteristisches Knospungsmuster hat.

Zwei Arten von Quallen. Ihre langen Tentakeln enthalten starke Gifte.

Wie schwimmen Quallen?

Quallen sind für gewöhnlich glockenförmige, halb durchsichtige Tiere, die mit Hilfe einer Art „Düsenantrieb“ schwimmen. Sie stoßen durchs Wasser, indem sie ihre „Mittelglocke“ abwechselnd öffnen und schließen. Dadurch wird nach hinten ein Wasserstrahl herausgedrückt, der die Qualle vorwärtstreibt.

Was ist ein Wasserbär?

Ein mikroskopisch kleines Tier, das zu den Wirbellosen zählt, jedoch in keine der bekannten Gruppen von Tieren paßt. Wasserbären werden so genannt, weil sie einen wurstförmigen Körper, kräftige Beine und einen Kopf mit einer spitzen „Schnauze“ haben, ähnlich wie ein mikroskopisch kleiner Bär oder ein winziges Schwein. Die Wissenschaftler nehmen an, daß sie mit den Insekten verwandt sind, obwohl sie keine Flügel haben und die meisten von ihnen viel kleiner sind als die meisten Insekten. Wasserbären findet man oft in Abflußrohren und Rinnsteinen, oder an der Oberfläche von Moorpflanzen.

Was ist eine Hydra?

Eine Hydra ist ein winziges zylinderförmiges Süßwassertier, das gewöhnlich mit dem einen Ende an einem Stück Unterwasservegetation oder Unterwasserschutt verankert ist und am anderen Ende ein Feld stechender Tentakeln besitzt. Die Hydra lebt in Flüssen und Tümpeln und vermehrt sich durch Knospung. Wenn die Bedingungen günstig sind, bildet sich an der Mutterhydra eine Ausbuchtung. Diese löst sich schließlich ab und wird zu einer neuen Hydra.

Wie fangen Seeanemonen ihre Beute?

Diese, oftmals mit Pflanzen verwechselten, festgewachsenen Tiere sind bei ihrem Beutefang auf den Zufall angewiesen. Alle Lebewesen, sogar ziemlich große Fische, die zufälligerweise die wedelnden Tentakeln einer Seeanemone streifen, werden sofort durch ihre starken Nesselzellen gelähmt und dann in den sackartigen Magen der Seeanemone gezogen.

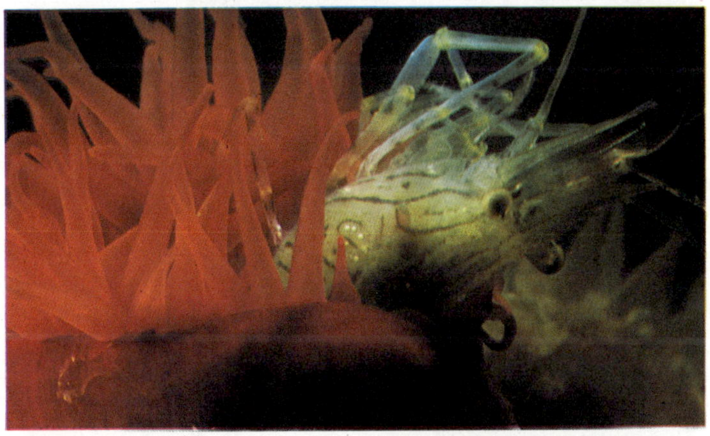

Eine Anemone benutzt ihre Nesseltentakeln, um ihre Beute zu lähmen.

Worin unterscheidet sich eine Portugiesische Galeere von einer echten Qualle?

Die Portugiesische Galeere ist eine *koloniebildende Qualle*. Jede Galeere besteht aus tausenden von Einzeltieren, die sich zusammen wie ein einziger Organismus verhalten. Jedes einzelne Tier in der Kolonie hat seine spezielle Aufgabe: einige kümmern sich um die Nahrung, einige ums Schwimmen und wieder andere um die Fortpflanzung. Die Portugiesische Qualle ist ein furchterregend aussehendes Tier. Sie zieht extrem lange Tentakeln hinter sich her, die mit giftigen Stacheln bewehrt sind, die jeden Fisch lähmen, der sie berührt.

Portugiesische Galeere

Welches Tier frißt Quallenstacheln?

Meeresnacktschnecken fressen Quallenstacheln. Dabei nimmt die Meeresnacktschnecke die Nesselzellen der Qualle und setzt sie auf die Tentakeln an ihrem eigenen Rücken. Dort verleihen die Nesselzellen der Meeresnacktschnecke denselben Schutz wie ihrem ursprünglichen Besitzer.

Meeresnacktschnecke

Sind alle Korallen hart?

Nein, einige Korallen sind weich und biegsam und haben sehr wenig Kalk in ihrem Körper. Viele bilden sich zu exotischen Formen aus, die sich auf dem Meeresboden hin- und herwiegen wie exotische Pflanzen.

Korallenriff

Wo kommen Korallenriffe vor?

Damit Korallenriffe gedeihen können, müssen ganz bestimmte Bedingungen gegeben sein. Da der Korallenpolyp eng mit winzigen, Algen genannten, Pflanzen verknüpft ist, können Korallen nur in Gewässern gedeihen, die hell und warm genug sind, daß bei Algen die *Photosynthese* (die Erzeugung von Zucker mit Hilfe von Sonnenlicht) ablaufen kann. Das bedeutet für gewöhnlich, daß das Wasser klar sein muß, nicht tiefer als 50 Meter sein darf (da sonst nicht genügend Sonnenlicht vorhanden ist) und über 20 °C warm sein muß.

Kann man eine Seestachelbeere essen?

Eine Seestachelbeere ist ein Meerestier, das einer Qualle ähnelt – sie ist nicht sehr wohlschmeckend, es sei denn, du magst Quallen. Ihr durchsichtiger, stachelbeerähnlicher Körper besitzt ein Paar langer, herunterhängender Tentakeln, mit deren Hilfe sie kleine Tiere fängt und lähmt.

Wie vermehren sich Quallen?

Quallen vermehren sich, indem sie Spermien und Eier ins Meer ausstoßen. Das befruchtete Ei läßt sich dann am Meeresboden nieder und wächst zu einem Lebewesen heran, das einer Seeanemone ähnelt und Polyp genannt wird. Aus diesem Polypen sprießen zunächst mitunter weitere Polypen hervor, aber schließlich treibt er andere Knospen, aus denen winzige Quallen entstehen, die davonzappeln.

Würmer und Saugwürmer

Gemeiner Plattwurm

Worin besteht der Unterschied zwischen einem Plattwurm und einem Saugwurm?

Auf den ersten Blick sehen Plattwürmer und Saugwürmer recht ähnlich aus – beide sind kleine, flache Lebewesen mit weichem Körper, die im Wasser oder in feuchter Umgebung leben. Plattwürmer leben in erster Linie auf dem Meeeresboden oder auf dem Grund von Seen und Flüssen und schwimmen frei umher, während Saugwürmer Parasiten sind, die einen Großteil ihres Lebens im Körper anderer Tiere verbringen (oftmals in Fischen und Säugetieren).

Warum muß Schweinefleisch sehr gründlich gegart werden?

Der Schweinebandwurm, ein Parasit des Verdauungssystems, verursacht beim Menschen Auszehrung, da er im menschlichen Darm Nährstoffe aufnimmt. Seine Eier werden mit dem menschlichen Kot ausgeschieden. Wenn die Eier dann ins Schweinefutter gelangen, schlüpfen sie im Darm des Schweins aus und wandern in dessen Muskelgewebe. Wenn das Schweinefleisch vor dem Verzehr nicht gründlich gegart wird (wodurch die Bandwürmer getötet werden), kann dieser Bandwurm erneut jemanden infizieren.

Stimmt es, daß aus einem durchtrennten Regenwurm zwei neue entstehen?

Nein. Nur an der vorderen Hälfte wächst ein neuer Schwanz. Bei der hinteren Hälfte kann dagegen kein neuer Kopf wachsen. Andere, einfachere Tiere können beide Hälften regenerieren.

Gemeiner Regenwurm

Wie lang kann ein Bandwurm werden?

Ein Schweinebandwurm kann eine Länge von über vier Metern erreichen, während ein Walbandwurm bis zu 30 Metern lang werden kann! Sein einfacher Körper besteht aus einer Folge von identischen, fortpflanzungsfähigen Segmenten, die mit einem saugnapf-ähnlichen Kopf verbunden sind, mit dem sich der Bandwurm an der Darmwand des Wirts festklammert.

Welcher Blutsaugwurm infiziert Millionen von Menschen?

Schistosoma ist ein Blutsaugwurm, der in Afrika und Südasien verbreitet ist. Reisfelder sind bevorzugte Brutstätten dieses im Wasser lebenden Saugwurms, der einen Teil seines Lebens in Süßwasserschnecken zubringt. Die aus der Schnecke ausbrechenden Larven bohren sich in die Haut des Menschen, dringen in die Blutgefäße des Darms ein und verursachen schwere Krankheiten (Bilharziose).

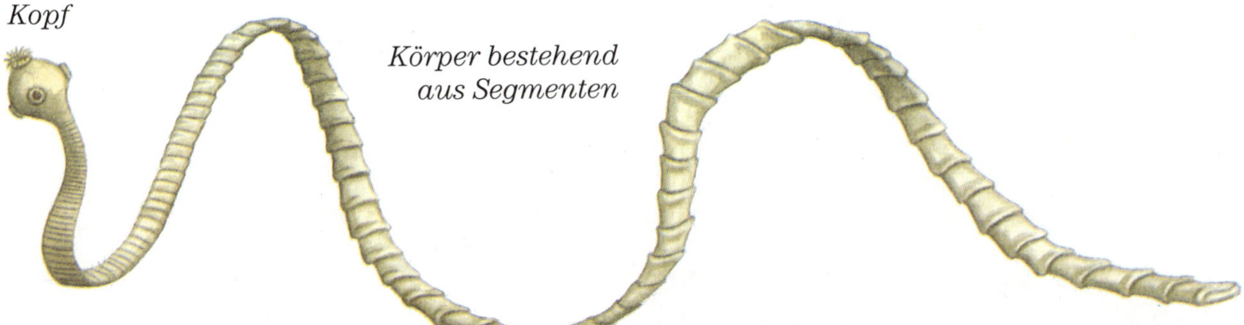

Der Schweinebandwurm kann im menschlichen Darm bis zu 4 Metern heranwachsen.

Wie viele Eier kann ein Fischsaugwurm während seines Lebens produzieren?

Es ist möglich, daß ein zehn Jahre alter Fischsaugwurm sage und schreibe zweitausend Millionen Eier produziert hat. Beim Heranreifen wird jedes einzelne Segment des Saugwurms zu einem „Eiersack", der sich dann löst und den Darm des Fisches verläßt. Da der Lebenszyklus eines Saugwurms so kompliziert ist, muß er riesige Mengen von Eiern produzieren, um sicherzustellen, daß wenigstens ein paar seiner Artgenossen überleben.

Kann man einen weiblichen von einem männlichen Regenwurm unterscheiden?

Man kann es nicht. Regenwürmer haben gleichzeitig männliche und weibliche Geschlechtsorgane. Wenn sich ein Regenwurmpärchen paart, tauscht es Samen aus und lagert sie in speziellen Organen ab. Später befruchtet der Same die Eier in einem Kokon, der vom Sattel oder Gürtel einer drüsigen Hautverdickung im vorderen Drittel des Körpers produziert wird.

Der Medizinische Blutegel wird auch heute noch eingesetzt, um „Gifte aus dem Körper zu saugen".

Wie groß ist ein Riesenregenwurm?

Verglichen mit einem Gemeinen Regenwurm ist er riesengroß! Der größte Regenwurm der Welt, der Südafrikanische Riesenregenwurm kann eine Länge von bis zu sieben Metern erreichen und einen Körper haben, der zwei oder drei Zentimeter dick ist.

Wie werden Blutegel von Ärzten eingesetzt?

Blutegel sind eine Wurmart, die das Blut von Tieren saugen, indem sie sich mit Hilfe von Saugnäpfen festsaugen und die Haut mittels winziger, scharfkantiger Zähne aufritzen. Da sie auf einmal das Zehnfache ihres Eigengewichts an Blut aufnehmen können, wurden und werden sie zum Aderlaß eingesetzt.

Was ist ein Tubifex?

Ein dünner, roter Wurm, der im dicken Schlamm auf dem Grund von Bächen und Flüssen lebt. Wer ein Aquarium hat, kennt diese Würmer wahrscheinlich, da man sie gewöhnlich als lebende Fischnahrung kaufen kann.

Riesenregenwurm

Schalentiere

Was ist eine Molluske?

Eine Molluske ist ein Tier, dessen weicher, unsegmentierter Körper von einem Gewebe umhüllt ist, das man *Mantel* nennt. Der Mantel scheidet in vielen Fällen eine Schale ab, die, wie etwa bei Napfschnecken, außerhalb des Körpers oder, wie beim Tintenfisch, im Inneren des Körpers liegen kann. Einige Mollusken (wie etwa der Krake) haben überhaupt keine Schale.

Warum glänzt eine Kaurischnecke und warum ist sie an der Außenseite so auffällig gemustert?

Die Schalen aller Mollusken werden vom *Mantel* aufgebaut, der schützenden Hautfalte, die ihre weichen Körper bedeckt. Da die Kaurischnecke in der Lage ist, ihren Mantel wie einen Umhang über ihre Schale zu ziehen, kann sie von beiden Seiten Schale ablagern, wodurch die Außenseite ebenso glänzend und schön wird wie die Innenseite.

Was ist eine Bivalvia?

Eine Bivalvia ist eine Molluske, deren Schale in zwei Hälften geteilt ist. Die beiden Hälften sind über ein muskulöses Scharnier miteinander verbunden, an dem auch der Hauptteil des Tierkörpers angeordnet ist. Bivalvien sind in erster Linie Filterfresser und können sich nur in sehr beschränktem Umfang fortbewegen. Einige Bivalvien, und darunter besonders die Kammuscheln, haben dagegen „Schwimmgewohnheiten" entwickelt, um ihren Feinden zu entkommen. Sie stoßen einen Wasserstrahl aus, wenn sie ihre beiden Muschelhälften zuklappen, und das treibt sie durch das Wasser vorwärts.

Wie tötet die Tropische Kegelschnecke ihre Beute?

Die Kegelschnecke ist eine einschalige Molluske, die ihre Zunge in einer genialen Weise für das Fangen von Beute entwickelt hat. An der Zunge befinden sich lange Zähne, die ein Gift enthalten, das stark genug ist, um einen Menschen zu töten. Wenn eine geeignete Beute nahe genug herankommt, benutzt die Kegelschnecke ihre Zunge als eine Art Gewehr, mit dem sie giftige Pfeile abfeuert. Das gelähmte Opfer wird dann zum Schneckenhaus gezogen und langsam verschlungen.

Worin unterscheiden sich die Eier einer Gartenschnecke von denen einer Wegschnecke?

Die Eier der Gartenschnecke besitzen eine kalziumhaltige Schale und sind somit weitgehend vor dem Vollsaugen mit Wasser oder dem Austrocknen geschützt. Wegschneckeneier besitzen dagegen keine solche Schale und müssen deshalb an einem sehr feuchten Platz (z.B. unter einem verfaulenden Baumstamm) abgelegt werden, damit sie sich entwickeln können.

Wie sehen Chitonschnecken aus?

Chitonschnecken sind insofern ungewöhnlich, als sie aus einer Reihe von acht getrennten Platten bestehen und nicht aus einer einzigen Schale. Diese, auch „Panzerschnecken" genannten kleinen flachen Lebewesen findet man an Felsküsten, wo sie sich an Steinen und anderen harten Oberflächen festklammern. Wenn man sie vom Felsen ablöst, rollen sie sich zu einer Kugel zusammen, um ihren weichen Körper zu schützen.

Wie schwimmt ein Nautilus?

Der Nautilus ist ein urtümlicher Tintenfisch mit einem Schneckengehäuse, das aus einzelnen Kammern besteht, in denen Stickstoff enthalten ist. Das gibt ihm Auftrieb. Durch das Ausstoßen eines Wasserstrahls bewegt er sich nach vorn. Wenn der Nautilus heranwächst, bildet sich eine weitere Gasblase in der Schale, die das zusätzliche Gewicht ausgleicht.

Nautilus

Kraken und Tintenfische

Worin besteht der Unterschied zwischen einem Kraken und einem Tintenfisch?

Ein Krake ist eine achtarmige Molluske, die ihre Schale aufgegeben hat. Ein Tintenfisch besitzt zehn Arme (von denen zwei länger sind als die anderen) und eine reduzierte innere Schale, den sogenannten *Schulp*. Der Körper eines Tintenfisches ist eher zylindrisch oder spitz zulaufend, während der Krake einen mehr sackähnlichen Körper besitzt. Beide haben überaus gute Augen, und beide bedienen sich des „Düsenantriebs", um zu schwimmen, wobei der Tintenfisch der bessere Schwimmer ist.

Wie groß ist ein Riesentintenfisch?

Tintenfische können riesengroß werden. Einige erreichen eine Länge von 15 Metern oder mehr, mit Augen von 30 Zentimetern Durchmesser. Pottwale machen Jagd auf Tintenfische, und oftmals findet man an den Schnauzen der Wale große Narben, die darauf hindeuten, daß sie mit Tintenfischen gekämpft haben, die größer gewesen sein müssen als alle bisher gefangenen.

Wie beschützt der Australische Blauringkrake seine Eier?

Der Australische Blauringkrake ist eines der wenigen Tiere, deren Gift auch in seinen Eiern enthalten ist. Selbst wenn es einem möglichen Räuber gelingt, der tödlichen Injektion des Muttertiers zu entgehen, fällt er dem in den Eiern gespeicherten Gift zum Opfer. Die heranwachsenden jungen Kraken erben von ihren Eltern die natürliche Immunität gegen ihr eigenes Gift.

Welche Besonderheit haben die Augen eines Tintenfisches?

Abgesehen von ihrer erstaunlichen Größe, sind die Augen eines Tintenfisches sehr kompliziert und den menschlichen Augen in mancherlei Hinsicht überlegen. Tintenfische können viel schärfer sehen als wir, aber sie fassen Objekte auf eine ganz andere Art und Weise ins Auge. Anstatt wie wir die Form der Linse verändern, verändern sie den Abstand zwischen Linse und Netzhaut. Tintenfische haben zumeist sehr große Gehirne, um die visuellen Informationen verarbeiten zu können, und sie besitzen sehr schnelle Reflexe.

Wie fängt ein Krake seine Beute?

Der Krake macht bei der Jagd nach Beute sehr geschickt Gebrauch von seinen acht langen Armen. Er stürzt sich auf seine Beute (in der Regel Krebse und Hummer) und benutzt dann seine Tentakeln, um das Opfer in tödlicher Umklammerung zu seinem hornigen Maul zu führen.

Die Riesentintenfische sind die größten wirbellosen Tiere der Welt.

Echinodermen

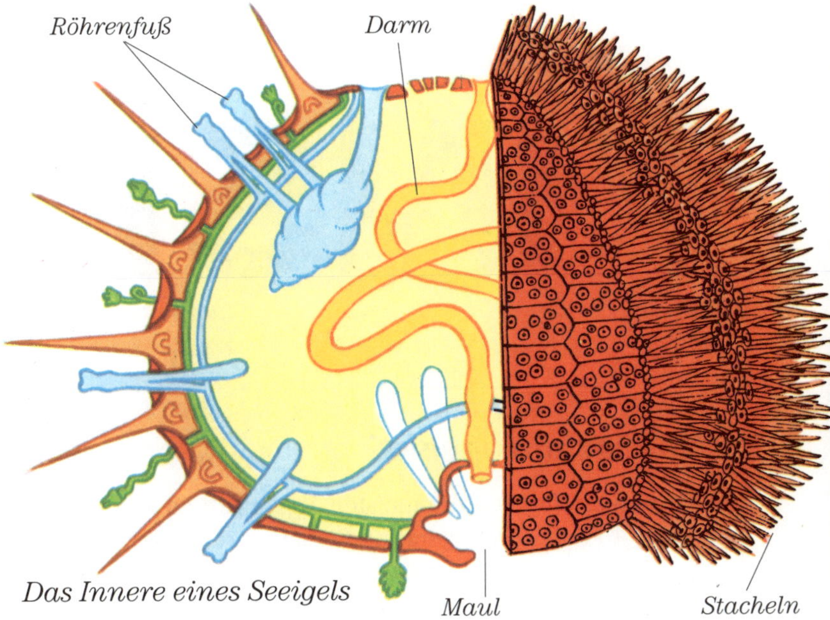

Das Innere eines Seeigels

Was sind Echinodermen?

Echinodermen sind eine Gruppe stachelhäutiger Tiere, zu denen Arten wie der Seestern, der Seeigel, der Schlangenstern und der Federstern gehören. Sie sind im allgemeinen symmetrisch aufgebaut und besitzen jedes ihrer Organe in fünffacher Ausführung. So haben beispielsweise Seesterne in der Regel fünf Arme, manche können aber sogar bis zu 50 Arme haben.

Ist eine Seegurke eine Pflanze?

Wegen ihres weichen zylindrischen Körpers werden Seegurken oft mit exotischen Meerespflanzen verwechselt, dabei sind sie in Wirklichkeit mit dem Seestern verwandte Tiere, die sich seitlich auf dem Meeresboden vorwärtsbewegen. Ihr an einem Körperende gelegenes Maul ist von einem Ring aus Tentakeln umgeben, mit denen sie ihre Nahrung, vor allem Faulstoffe und Plankton, aufnehmen.

Kann sich ein Seestern selbst wieder aufrichten, wenn man ihn umgedreht hat?

Wenn man einen Seestern auf den Rücken legt, kann er sich selbst wieder in seine normale Position drehen, indem er einen seiner Arme umbiegt und sich mit ihm an etwas Hartem festklammert. Wenn er einen festen Halt gefunden hat, faltet sich der Seestern zusammen und schwingt sich wieder langsam in seine normale Position.

Seestern, Seegurke und Seeigel

Wie bewegt sich ein Seeigel am Meeresboden fort?

Ein Seeigel bewegt sich mit Hilfe seiner Stacheln und seiner Röhrenfüßchen fort, die in fünf Reihen von oben nach unten an seinem Körper angeordnet sind. Die Röhrenfüßchen münden in winzige Saugnäpfe, die sich an jeder festen Oberfläche festhalten können, mit der der Seeigel in Kontakt kommt. Durch Ausstrecken und Einziehen dieser winzigen Saugnäpfe kann sich der Seeigel erstaunlich schnell auch über schwieriges Terrain fortbewegen.

Wie verteidigt sich eine Seegurke?

Die Seegurke hat eine höchst erstaunliche Art und Weise der Selbstverteidigung. Wenn sie überrascht oder bedroht wird, stößt sie einfach alle ihre inneren Organe durch den After aus, wodurch sich der Angreifer einer ekligen Masse aus verhedderten Schläuchen gegenübersieht, in der er sich oft genug verfängt. Die Seegurke kriecht dann auf ihren Röhrenfüßchen (die an ihrer Seite verlaufen) davon und regeneriert ihre Innereien im Laufe von zwei oder drei Wochen.

Was ist ein Schlangenstern?

Schlangensterne findet man gewöhnlich, wenn sie an den Strand gespült werden und erkennt sie dann leicht an ihren fünf langen, wogenden Armen, die von einem kleinen scheibenförmigen Körper ausgehen. Aber Vorsicht! Ihre Arme zerbrechen unter dem geringsten Druck.

INSEKTEN

Was ist ein Insekt?

Bei Insekten denken die meisten Menschen an kleine Lebewesen, die herumfliegen, umherschwirren oder auf verschieden vielen Beinen herumkrabbeln. Diese Beschreibung ist jedoch nicht genau genug. Alle Insekten – ob Schmetterlinge, Nachtfalter, Ameisen, Fliegen, Heuschrecken oder Silberfische – haben bestimmte gemeinsame Merkmale. Jedes Insekt hat drei Beinpaare und einen dreigeteilten Körper: diese Teile sind der Kopf, die Brust und der Hinterleib. Am Kopf sitzen ein Paar Antennen oder Fühler, ein Paar *Facettenaugen*, in der Regel drei kleine *einfache* Augen und ein Satz Freßwerkzeuge, die mit seitlicher und nicht mit Auf- und Abbewegung arbeiten. Die meisten, wenn auch nicht alle Insekten besitzen dazu noch Flügel.

Aufbau eines Insektenkörpers. Der Körper ist in Kopf, Brust und Hinterleib unterteilt. Alle Insekten haben sechs Beine.

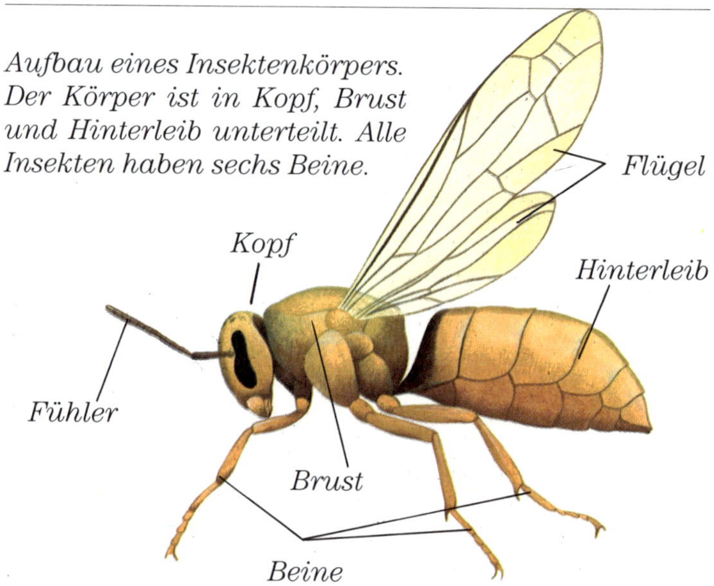

Wie atmet ein Insekt?

Insekten atmen mit Hilfe eines Systems von Röhren, die die Luft durch winzige Löcher (die sogenannten *Atemlöcher*) an der Brust und am Hinterleib aufnehmen. Im Körperinneren verzweigen sich die Röhren, die man *Tracheen* nennt, sehr schnell und münden in die Muskeln. In der Regel tritt durch die Tracheen Sauerstoff in das Gewebe ein und Kohlendioxid aus. Größere Insekten wie Bienen und Wespen besitzen in den Muskeln Luftsäcke, die beim Ausdehnen und Zusammenziehen der Muskeln zusätzlich Luft aufnehmen können.

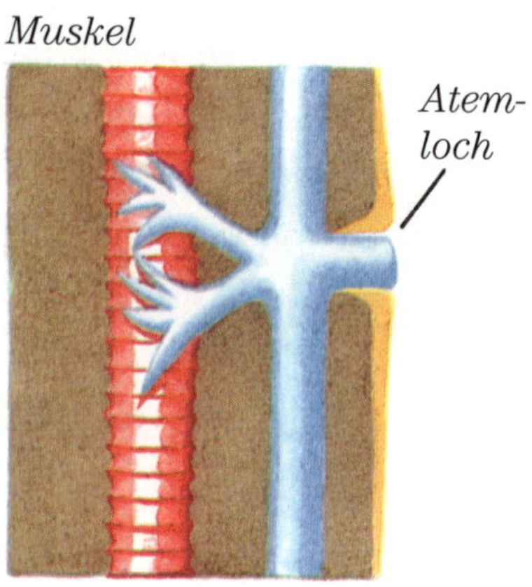

Insekten haben keine Lungen. Luft tritt direkt in die Muskeln ein.

Wie kann ein Insekt mit seinen Facettenaugen sehen?

Das Auge eines Insekts ist kein einzelnes Organ wie das Auge eines Säugetiers, sondern es ist eine Ansammlung vieler winziger, voneinander getrennter „Augen“. Die Bilder all dieser Linsen zusammen ergeben ein mosaikartiges Bild von der Umgebung. Obwohl dieses Bild nicht mit den scharfen Bildern zu vergleichen ist, wie wir Menschen sie sehen, kann ein Insekt anhand dieser Bilder trotzdem die leiseste Bewegung erkennen. Bei vielen Insekten, wie zum Beispiel bei der Libelle, nehmen die Augen den Großteil des Kopfes ein, so daß die Tiere jeden Räuber erspähen können, ganz gleich aus welchem Winkel er angreift. Das ist auch der Grund, weshalb man Fliegen so schwer erwischt.

Wie viele Insektenarten gibt es auf der Welt?

Bis heute kennt man rund 775 000 Insektenarten aus allen Biotopen (Lebensräume) dieser Erde. Etwa 28 000 Arten kommen in Europa vor.

Können Insekten in Farbe sehen?

Honigbienen und Schmetterlinge können es sicher, und sie benutzen diese Fähigkeit, um Blumen zu erkennen. Honigbienen können kein Rot erkennen, aber diese Schwäche wird durch ihre Fähigkeit, die für uns Menschen unsichtbare ultraviolette „Farbe“ wahrzunehmen, mehr als ausgeglichen. Schmetterlinge bedienen sich darüber hinaus ihrer Farbsichtigkeit während der Paarungszeit zum Erkennen möglicher Partner.

Welche Funktion haben die einfachen Augen eines Insekts?

Bis heute weiß niemand genau, welche Aufgabe die drei einfachen Augen am Kopf eines Insekts haben. Bei einigen Insekten, wie bei Nachtfaltern und Bienen, sind sie praktisch durch Schuppen oder Haare verdeckt, während sie bei anderen Arten, etwa bei Käfern, völlig fehlen. Bei allen Libellen sind diese Augen vorhanden, doch gerade bei diesen Tieren mit so hervorragenden Facettenaugen ist um so weniger ersichtlich, welche Aufgabe sie haben. Manche Wissenschaftler vermuten, daß die einfachen Augen zur Stimulierung der Facettenaugen dienen und dem Insekt eine schnellere Anpassung an Veränderungen der Helligkeit ermöglichen.

Was ist eine Metamorphose?

Metamorphose (=Verwandlung) ist der Name, den man den verschiedenen Stadien gegeben hat, die ein Insekt im Zuge seiner Entwicklung vom Ei bis zum ausgewachsenen Tier durchläuft. Es gibt zwei Arten von Metamorphosen: Insekten, wie die Heuschrecke, durchlaufen drei Stadien, bei denen sie einem ausgewachsenen Tier immer ähnlicher werden. Man nennt das eine unvollkommene Metamorphose. Eine vollkommene Metamorphose, wie sie etwa der Schmetterling durchläuft, umfaßt vier Stadien: Ei, Larve, Puppe und Erwachsenenstadium. Während der Zwischenstadien sieht das Tier völlig anders aus als im Erwachsenenstadium.

Die vier Stadien einer Metamorphose: 1. Ei, 2. Larve, 3. Puppe und 4. Erwachsenenstadium.

Was ist ein Exoskelett?

Ein Exoskelett ist das harte Außengehäuse, das den Körper eines Insekts umgibt und seine weichen, inneren Organe schützt. Anders als Vögel und Säugetiere besitzen Insekten kein Innenskelett und sind hinsichtlich Festigkeit und Muskelunterstützung auf das Exoskelett angewiesen.

Was sind die Hauptnachteile eines Exoskeletts?

Wegen seiner steifen Struktur dehnt sich das Exoskelett nur schwer aus. Wenn das Insekt wächst, muß es sich häuten, d.h. sein Außengehäuse abwerfen und sich ein neues wachsen lassen. Während dieser Häutung ist das Insekt schutzlos den Angriffen von Räubern ausgesetzt. Ein weiterer Nachteil des Exoskeletts besteht darin, daß es um so schwerer ist, je größer das Tier wird. Daher sind Insekten eher klein, denn mit einem leichten Exoskelett können sie sich auch schneller bewegen.

Durchlaufen alle Insekten eine Metamorphose?

Nein – Insekten wie Borstenschwänze, Silberfische und Springschwänze entwickeln sich ohne Metamorphose. Das junge Insekt sieht im Grunde genauso aus wie das erwachsene, mit dem einzigen Unterschied, daß es kleiner ist, mitunter weniger Segmente besitzt und noch nicht fortpflanzungsfähig ist. Beim Heranwachsen wirft es seine Haut ab und ersetzt sie durch eine neue, die groß genug für den gewachsenen Körper ist.

Können sich Insekten ohne Paarung fortpflanzen?

Eine ganze Reihe von Insektenarten kann sich ohne Paarung fortpflanzen. Die bekannteste Art sind die Blattläuse (zu denen auch die grüne Blattlaus gehört). Während des Sommers produzieren die erwachsenen Weibchen pro Tag bis zu 25 neue Weibchen aus unbefruchteten Eiern. Der Grund für diesen, *Parthenogenese* genannten Prozeß, ist noch nicht vollständig geklärt.

Springschwänze, Borstenschwänze

Was sind Springschwänze und Borstenschwänze?

Springschwänze und Borstenschwänze sind kleine, flügellose Insekten, die überall auf der Erde in riesiger Anzahl vorkommen. Springschwänze sind in der Regel unscheinbare, am Boden lebende Tiere mit sprungfederähnlichen Schwänzen, die es ihnen ermöglichen, Sprünge von mehreren Zentimetern zu machen. Borstenschwänze besitzen dagegen einen weichen, spitz zulaufenden Körper, lange Antennen und lange, schmale Schwanzfühler. Sie leben vor allem auf verrottenden Pflanzen.

Welche Insektenart kommt auf der Erde am häufigsten vor?`

Springschwänze sind die Tierart, die auf der Erde am häufigsten vorkommt: Man hat in der Tat geschätzt, daß auf einem etwa 4000 m^2 großen Stück Wiese sage und schreibe 250 Millionen Springschwänze leben. Die Springschwänze haben jeden Winkel der Erde erobert, von den gefrorenen Einöden der Antarktis bis zu den höchsten Berggipfeln.

Springschwänze: die am weitesten verbreiteten Insekten der Welt.

Zwei Borstenschwänze: ein Silberfischchen (links) und ein Ofenfischchen.

Welches kleine, silbrige Insekt kann man häufig in Küche und Bad herumlaufen sehen?

Das unverkennbare Silberfischchen, ein Mitglied der Borstenschwanzfamilie, besitzt einen glänzenden, spitz zulaufenden Körper, der mit Schuppen bedeckt ist, die sich leicht ablösen. Es ist wahrscheinlich das bekannteste, in feuchten Küchen und Badezimmern vorkommende Insekt. Das Silberfischchen führt ein verborgenes, nachtaktives Leben und scheut helles Licht – daher auch seine hastige Flucht, wenn der Schrank plötzlich geöffnet wird.

Wie vermehren sich Silberfischchen?

Eine Besonderheit der Silberfischchen ist, daß sie zur Geschlechtsreife gelangen, bevor sie voll ausgewachsen sind. Während andere, höher entwickelte Insekten sich erst nach ihrer letzten Häutung paaren können, hören Silberfischchen während ihres erstaunlich langen Lebens von mehreren Jahren nie auf, sich zu häuten und fortzupflanzen. Während des Paarungsrituals führt das Männchen einen Tanz auf und setzt dann ein winziges Spermienpaket am Boden ab. Dieses nimmt das Weibchen mit ihrem Unterleib auf, worin dann die Eier befruchtet werden.

Welches Insekt sucht gezielt warme, häusliche Plätze auf?

Das Ofenfischchen bevorzugt warme, ja sogar heiße Plätze und kann mitunter in Bäckereien bei Temperaturen beobachtet werden, die andere Insekten normalerweise abschrecken würden. Diese Vorliebe für Wärme deutet darauf hin, daß das Ofenfischchen aus heißen, trockenen Ländern stammt.

Libellen

Worin besteht der Unterschied zwischen einer Libelle und einer Jungfernfliege?

Libellen und Jungfernfliegen sind beide leuchtend gefärbte Insekten, die sich vorzugsweise an Süßgewässern aufhalten. Während Libellen ihre Flügel im Sitzen waagerecht ausbreiten, falten Jungfernfliegen ihre beiden Flügelpaare übereinander schräg nach hinten. Jungfernfliegen besitzen in der Regel einen kleineren, schlankeren Körper und sind recht unsichere Flieger, wogegen die Libellen für ihren kraftvollen und schnurgeraden Flug bekannt sind

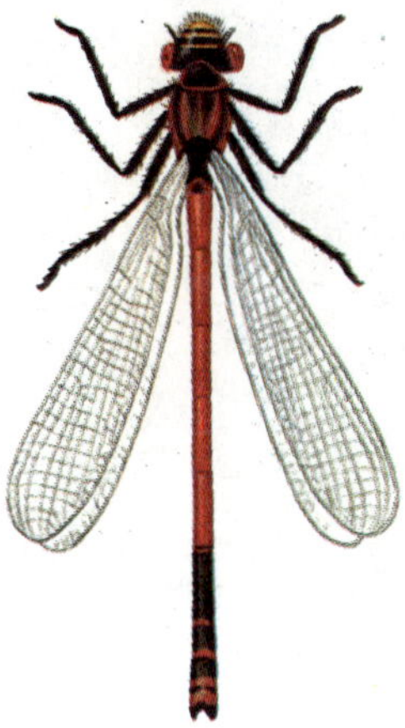

Jungfernfliege

Welches Insekt lebt in seiner ausgewachsenen Form nur einen Tag?

Die Eintagsfliege mit ihrem weichen Körper und unsicherem Flug lebt in ihrer ausgewachsenen Form nur für wenige Stunden, während derer sie nur mit der Paarung und dem Legen von Eiern beschäftigt ist. Dieses Insekt kann bis zu drei Jahre brauchen, um seinen Lebenszyklus zu vollenden.

In welchem Stadium ihres Lebens unterscheidet sich die Eintagsfliege von allen anderen Insekten?

Das geflügelte Insekt, das sichtbar wird, wenn die Eintagsfliegennymphe aus dem Wasser krabbelt, ist noch nicht das erwachsene Tier. Nach diesem, Subimago genannten Stadium, häutet sich die Eintagsfliege nochmals, und erst jetzt kommt der glänzende Körper des fertig entwickelten Tieres oder Imago zum Vorschein. Eintagsfliegen sind die einzigen Insekten, bei denen man dieses subimaginale Stadium beobachtet hat.

Wie benutzt eine Libelle ihre Beine während des Flugs?

Die langen, stacheligen Beine einer Libelle liegen gewöhnlich während des Flugs am Körper an, so daß sie nur geringen Luftwiderstand bieten. Sobald die Libelle jedoch eine mögliche Beute erspäht hat, streckt sie ihre Beine in Form eines nach vorn offenen Korbes von sich, um ihr Opfer darin zu fangen.

Wie fängt die Libellennymphe ihre Beute?

Die Libellennymphe ist ein wilder Jäger, der auf dem Grund von Seen und Tümpeln lebt. Sie fängt ihre Beute mit Hilfe einer Maske – eine Besonderheit, die nur Libellen und Jungfernfliegen besitzen. Diese Maske besteht aus einer beträchtlich vergrößerten Unterlippe, die mit einem Paar scharfer Klauen bewehrt ist. Sie schießt hervor, sobald sich irgendein kleines Tier nähert. Im Ruhezustand ist die Maske unter dem Kopf zusammengefaltet.

Libellennymphe

Eintagsfliege

Warum hält man manche Jungfernfliegen für „Gespenster"?

Im tropischen Amerika sind die größten Jungfernfliegen größer als die größten Libellen, mit 12 Zentimeter langen Körpern und einer Flügelspannweite von 17 Zentimetern. Wenn sie in der Dämmerung fliegen, sieht man nur die farbigen Spitzen ihrer durchsichtigen Flügel. Das sieht ziemlich gespenstisch aus und läßt einige Eingeborenenstämme glauben, daß es sich dabei um die „Geister der Verstorbenen" handelt.

Gespenstheuschrecken

Welches ist das längste Insekt der Welt?

Die Riesen-Gespenstheuschrecke Indonesiens, die bis zu 32 Zentimeter lang werden kann, ist das längste lebende Insekt.

Woher haben Gespenst- und Laubheuschrecken ihren Namen?

Es ist ziemlich leicht zu verstehen, woher Gespenst- und Laubheuschrecken ihre Namen haben. Sie sind Tarnungsexperten und können sich vor einem Hintergrund aus Zweigen, Blättern und Ästen praktisch unsichtbar machen. Sie ruhen tagsüber bewegungslos, wobei ihre langen, zweigähnlichen Körper mit den sie umgebenden Ästen völlig verschmelzen. Sie gehen erst in der Nacht auf Nahrungssuche. Sogar ihre Eier sind getarnt und sehen ähnlich wie die Samen der Pflanzen aus, auf denen sie leben. Diese seltsamen Insekten kommen hauptsächlich in den tropischen Regionen Asiens vor.

Auf welche Weise ändern einige Gespenstheuschrecken ihre Farbe?

Gespenstheuschrecken haben in der Regel eine grünliche oder bräunliche Farbe. Die rein grünen Exemplare können ihre Farbe nicht verändern, wogegen die braunen Formen ihre Farbe häufig wechseln, am Tag sind sie blaßer und bei Nacht dunkler. Die Ursache hierfür ist die Bewegung brauner Pigmentkörnchen in den Hautzellen der Tiere. Die braunen Pigmente bewegen sich an die Oberfläche und verteilen sich, wenn es dämmrig ist, wodurch das Tier eine dunklere Farbe zu haben scheint. Am Tag bewegen sich die Pigmente in Richtung des Zellinneren und bilden Klumpen – das Tier sieht blaß aus.

Gespenstheuschrecken passen sich den Bäumen und Ästen in ihrer Umgebung perfekt an.

Gespenstheuschrecke ▲, Laubheuschrecke ▼

Warum ist fast jede Gespenstheuschrecke ein Weibchen?

Gespenstheuschrecken können sich, ähnlich wie Blattläuse, ohne Paarung fortpflanzen. Da das Ei nicht befruchtet zu werden braucht, ist bei vielen Gespenstheuschreckenarten das Männchen entweder unbekannt oder überflüssig. Das Weibchen legt die Eier einzeln ab, indem sie sie einfach auf den Waldboden fallen läßt. In manchen nordamerikanischen Wäldern verursachen tausende, von der Gemeinen Gespenstheuschrecke fallen gelassene Eier ein so lautes Geräusch, als würde es regnen.

Warum geben Gespenstheuschrecken gute Haustiere ab?

Gespenstheuschrecken sind wahrscheinlich das am häufigsten als Haustier gehaltene Insekt. Sie bewegen sich langsam, sind leicht zu züchten und können zumeist mit Efeu-, Liguster- oder Fliederblättern gefüttert werden. Es ist dabei allerdings wichtig, die Insekten bei konstant warmer Temperatur zu halten, da sie sonst die kalten nordeuropäischen Winter nicht überleben.

Schaben, Gottesanbeterinnen

Was haben Schaben und Gottesanbeterinnen gemeinsam?

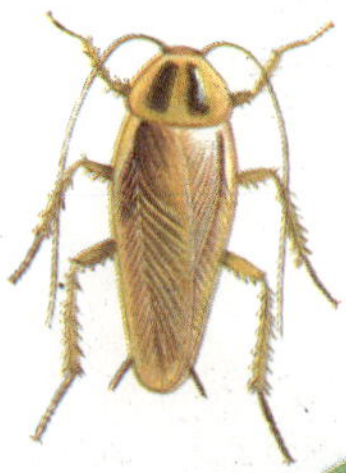

Hausschabe

Gottesanbeterin

Die Flügel beider Tierarten sind sich so ähnlich, daß Wissenschaftler sie derselben Art *(Dictyoptera)* zugeordnet haben. Beide Insektenarten besitzen dicke, lederartige Vorderflügel und breite, zarte Hinterflügel. Zum Fliegen benutzen sie nur die Vorderflügel, während sie die Hinterflügel wie einen Fächer unter den schützenden Vorderflügeln falten. Beide Insektenarten legen ihre Eier in kleinen Behältern ab, die einer Mini-Handtasche ähneln.

Warum werden Schaben als Schädlinge betrachtet?

Wegen ihres verstohlenen, nachtaktiven Lebensstils und herumstöbernden Verhaltens ist eine über den Küchenboden huschende Schabe ein höchst unerfreulicher Anblick. Schaben verderben mit ihren Exkrementen mehr Nahrungsmittel als sie wirklich fressen und verbreiten darüber hinaus noch einen unangenehmen Geruch. Wenn sie in Schmutz leben, können sie Krankheitserreger übertragen. Sie halten sich tagsüber an warmen Orten auf, wo sie sich überaus schnell vermehren können.

Warum nennt man Schaben manchmal auch „altertümliche Insekten"?

Wenn man Schaben als altertümliche Insekten bezeichnet, so tut man dies in Anbetracht ihres evolutionären Musters: Sie sind nicht besonders spezialisiert, sie fressen praktisch alles, und können sich bei Gefahr in die schmalsten Ritzen verkriechen. Man hat Fossilien von Schaben gefunden, die den heutigen Formen sehr ähnlich sind, und deren Alter mit 300 Millionen Jahren festgestellt wurde. Aus der Tatsache, daß es schon damals so viele Formen von ihnen gab, und daß sie so weit verbreitet waren, kann man schließen, daß es Schaben seit mindestens 400 Millionen Jahren geben muß.

Sind Schaben gute Mütter?

Schaben kümmern sich überaus fürsorglich um ihre Eier. Viele tragen wochenlang ihre Eier in kleinen Kapseln mit sich herum, andere kleben sie in einen Spalt, wo sie schwer zu entdecken sind. Dieses „fürsorgliche" Verhalten hat offensichtlich zum evolutionären Erfolg dieser Insekten beigetragen.

Eine Gottesanbeterin verschlingt ihre Beute.

Beten Gottesanbeterinnen?

Gottesanbeterinnen falten ihre stacheligen Beine und erheben sie in einer gebetähnlichen Haltung, was ihnen ihren Namen eingetragen hat. Wegen ihres Verhaltens sollte man diese Insekten aber eher in Räuberinnen umbenennen. Gottesanbeterinnen sind wilde und geschickte Jäger und fressen nur andere Insekten, die sie zuvor lebend gefangen haben. Sie sind in der Regel überaus gut getarnt und lauern ihren Opfern auf.

Schmetterlinge, Nachtfalter

Was ist der Unterschied zwischen einem Schmetterling und einem Nachtfalter?

Viele Leute denken bei Nachtfaltern an mattgefärbte, nachtfliegende Insekten mit fetten, pelzigen Körpern, und bei Schmetterlingen an leuchtend gefärbte, am Tag fliegende Insekten. Für einen Wissenschaftler liegt der wirkliche Unterschied zwischen beiden in der Form ihrer Fühler und der Verbindung zwischen ihren Vorder- und Hinterflügeln. Die Fühler eines Schmetterlings sind lang und schlank, während die Fühler des Nachtfalters dünn und fedrig sind. Im Sitzen halten die meisten Schmetterlinge ihre Flügel über dem Körper gefaltet. Nachtfalter lassen dagegen ihre Flügel entweder ausgebreitet oder spreizen sie in unterschiedlichen Winkeln voneinander ab.

Warum sind die Flügel von Schmetterlingen und Nachtfaltern staubig, wenn man sie anfaßt?

Schmetterlinge und Nachtfalter gehören zur Ordnung der *Lepidoptera*, was soviel heißt wie „Schuppenflügler". Wenn man die Flügel eines Schmetterlings oder Nachtfalters berührt, hat man feinen Staub an den Fingern. Dieser feine Staub besteht aus den winzigen, einander überlappenden Schuppen, mit denen die Flügel dieser Insekten überzogen sind. Diese Schuppen sind auch für die komplizierten, leuchtenden Muster verantwortlich.

Wie verteidigen sich Schmetterlinge gegen Räuber?

Schmetterlinge sind keineswegs so zart und schutzlos, wie sie auf den ersten Blick erscheinen. Der Monarch-Schmetterling ist beispielsweise überaus zäh und hat einen die Vögel abschreckenden Geschmack, außerdem kann er sogar einen gelegentlichen Schnabelpicker überstehen. Falsche Flügelmarkierungen an Flügelschwänzen können Räuber dazu verleiten, in entbehrliche Teile der Flügel zu beißen. Darüber hinaus kann die Unterseite der Schmetterlingsflügel eine hervorragende Tarnung vor dem Hintergrund der umgebenden Vegetation bieten. Große, helle Augenflecke wie die des Tagpfauenauges können ebenfalls zur Abschreckung möglicher Feinde dienen.

Wie erzeugen die Schuppen auf den Flügeln eines Schmetterlings die lebendigen Muster?

Jede Schuppe auf einem Schmetterlingsflügel ist gefärbt und ist so mit den anderen Schuppen verzahnt, daß sich ein Muster ähnlich einem Mosaikbild ergibt. Weiß und Rot werden durch Pigmente in den Schuppen erzeugt, während die blauen und metallischen Farbschattierungen dadurch erzeugt werden, daß bestimmte Wellenlängen des Lichts von der strukturierten Oberfläche der Schuppen reflektiert werden.

Warum fressen die Männchen des Großen Schillerfalters von faulenden Tierkadavern?

Das Männchen des Großen Schillerfalters kann dabei beobachtet werden, daß es am Waldboden Kot oder Tierkadaver frißt, um seine Fortpflanzungsorgane mit zusätzlichen Natriumsalzen zu versorgen. Diese Salze gibt das Männchen dann an das Weibchen weiter, das sie zur Eierproduktion verwendet.

Wo halten sich Schmetterlinge im Winter auf?

Die meisten Schmetterlinge in gemäßigten Regionen wie Nordamerika oder Nordeuropa verbringen den Winter als Eier oder Puppen. Manche, wie der Rote Admiral, überwintern auch in ihrer Erwachsenenform. Wieder andere wandern südwärts in wärmere Regionen.

Wie findet man Schmetterlingsbäume?

Es gibt in Mexiko, Kalifornien und Florida eine Nadelbaumart, die im Winter Jahr für Jahr Millionen von Monarch-Schmetterlingen als Aufenthaltsort dient. An ihnen klammern sich die Schmetterlinge in solch dichten Haufen fest, daß es den Anschein hat, als würden die Bäume vor Schmetterlingen triefen. Die Schmetterlinge rasten hier bis sie das wärmere Wetter im Frühjahr zum Aufbruch zurück in den Norden drängt.

Welcher Schmetterling braucht Ameisen, um seinen Lebenszyklus vollenden zu können?

Der Große Blau-Schmetterling durchläuft einen außergewöhnlichen Lebenszyklus, den er zum Teil in Gesellschaft der *Myrmica*-Ameise verbringt. Der erwachsene Schmetterling legt seine Eier auf einem Thymianzweig ab, von dem sich die Raupe während ihrer ersten Lebenswochen ernährt.
Die Raupe verläßt dann die Pflanze und wird von Ameisen „entdeckt", die von einer süßen Substanz angezogen werden, die die Raupe abgibt. Die Ameisen bringen die Raupe daraufhin in ihr Nest und melken dort die Raupe, die sich ihrerseits von den jungen Ameisenlarven ernährt. Die Raupe verbringt den Winter im Nest, verpuppt sich und schlüpft schließlich als erwachsener Schmetterling aus dem Ameisenbau.

Wie verteidigt sich die Raupe des Elefantenschwärmers?

Die Raupe des Elefantenschwärmers ist etwa sieben Zentimeter lang, hat eine braune Farbe und besitzt in der Nähe des Kopfes vier große Augenflecken. Wird sie von einer Kröte gestört, zieht sie ihren Kopf ein und die Körpersegmente hinter dem Kopfwulst heraus, so daß die Augenflecken ein riesiges Aussehen bekommen. Für die Kröte sieht die Raupe dadurch wie eine kleine Schlange aus, was sie dazu veranlaßt, eine Verteidigungshaltung einzunehmen, indem sie ihren Körper aufbläst und sich aufstellt.

Wie schützen sich Nachtfalter vor Fledermäusen?

Fledermäuse jagen mittels Echopeilung. Sie senden hohe Schallwellen aus und schließen aus den Echos auf die Position einer möglichen Beute. Einige amerikanische Nachtfalter haben die Fähigkeit entwickelt, sich auf das Sonarsystem der Fledermäuse einzustimmen; sobald sie merken, daß sich eine Fledermaus nähert, lassen sie sich wie ein Stein zu Boden fallen. Andere tauchen in Form einer Spirale ab, während wieder andere dazu in der Lage sind, das Signal der Fledermaus zu blockieren, oder diese durch das Aussenden eigener hoher Töne zu verwirren.

Ameisen bringen die Raupen des Großen Blauen Schmetterlings in ihr Nest und melken sie.

Warum fühlen sich Nachfalter nachts von hellem Licht angezogen?

Die Anziehungskraft einer hellen Lichtquelle läßt sich wahrscheinlich am besten durch die Reaktion von Nachtfaltern auf feststehendes natürliches Licht, wie das des Mondes, erklären. Wenn das entfernte Licht des Mondes von einem Abschnitt des Facettenauges eingefangen wird, versucht der Nachtfalter, das Licht im wahrsten Sinne im Auge zu behalten, und fliegt in einer geraden Linie, bis er durch irgendetwas anderes abgelenkt wird. Ist das Licht relativ nahe, fliegt der Nachtfalter in einer Kurve. Dieses kurvenförmige Flugmuster entwickelt sich beim Herabsteigen des Insekts zur Lichtquelle zu einer Spirale.

Heuschrecken

Wie singt eine Heuschrecke?

Eine Heuschrecke erzeugt ihr bekanntes Zirpen, indem sie ihre Hinterbeine an den Rippen ihrer Vorderflügel reibt. An der Innenseite des Femurs, dem „Oberschenkel" am Hinterbein, befindet sich eine Reihe winziger, gleichmäßig verteilter Häkchen, mit denen die Heuschrecke über hervorstehende Adern der Vorderflügel streicht. In der Regel „singen" nur die Heuschreckenmännchen.

Heuschrecke

Wo hat eine Heuschrecke ihre Ohren?

Die „Ohren" einer Heuschrecke befinden sich an ihrem Hinterleib, und bestehen aus einer starren Struktur, die ein Trommelfell, ähnlich dem des Menschen, stützt. Diese Tonempfänger reagieren auf Veränderungen des Luftdrucks, wobei sie diese Informationen über Nervenfasern an das Gehirn weiterleiten.

Singen alle Heuschrecken dieselbe Melodie?

Genau wie bei den Vögeln hat auch jede Heuschreckenart ihre eigene Melodie.

Welches Insekt kann als „Thermometer" dienen?

Die Amerikanische Baumgrille oder „Thermometer-Grille" ist beim Singen so temperaturempfindlich, daß man die Temperatur in Grad Fahrenheit (0° C = 32° F) ausrechnen kann, indem man ihre Zirper zählt. Man braucht nur mitzuzählen, wie oft die Grille in 15 Sekunden zirpt und zu dieser Zahl dann 39 addieren!

Warum schwärmen Wanderheuschrecken?

Wanderheuschrecken sind große tropische oder subtropische Heuschrecken. Gelegentlich finden sie sich zu riesigen Wanderschwärmen zusammen. Das Leben einer Wanderheuschrecke läßt sich in zwei Abschnitte unterteilen: in eine einzelgängerische und in eine schwärmende Phase. Wenn verstreute, einzelgängerische Wanderheuschrecken zusammenkommen, um ihre Eier abzulegen, werden es mit der Zeit immer mehr. Außerdem vollzieht sich auch eine farbliche Veränderung: sie bekommen dicke schwarze und gelbe Streifen. Die Aktivität dieser Hüpfer nimmt aufgrund gegenseitiger Stimulationen ständig zu, und schon bald bilden sie riesige Wanderschwärme. Wenn sie sich zum Fressen niederlassen, verschlingen sie jedes grüne Blatt im Umkreis von Kilometern.

(oben) Heuschreckennymphe. Sitzende (u. links) und fliegende (u. rechts) Wanderheuschrecke

Termiten

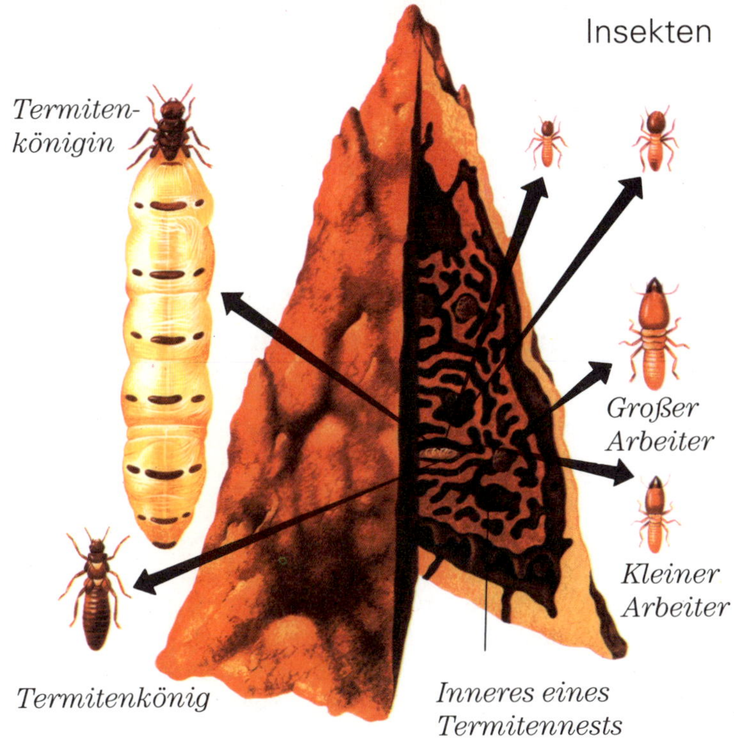

Warum nennt man Termiten „Weiße Ameisen“?

Termiten sind blasse Weißkörperinsekten, die wie Ameisen in großen unterirdischen Kolonien leben. Sie bedienen sich ebenfalls eines Kastensystems, um die unterschiedlichen Funktionen ihrer Mitglieder voneinander zu trennen. Hiermit enden die Ähnlichkeiten aber schon. Termiten besitzen gerade Fühler, während die der Ameisen gebogen sind. Der Körper der Ameise hat eine „Taille“ zwischen Brust und Hinterleib, der Körper der Termite nicht. Die Evolution von Ameisen und Termiten verlief in etwa parallel, aber die Termiten sind enger mit den Schaben verwandt als mit den Ameisen.

Was fressen Termiten?

Viele Termiten ernähren sich von Holz, obwohl sie das Holz nicht selbst verdauen können. In ihrem Darm leben winzige, Zellulose verdauende Protozoen, von denen die Hauptverdauungsarbeit geleistet wird. Ohne diese Protozoen könnten die Termiten nicht überleben.

Wie lange lebt eine Termitenkönigin?

Bei einigen höher entwickelten Termitenarten kann die Königin 50 Jahre oder älter werden. Sie lebt in einer königlichen Kammer tief im Inneren des Baus, und wird während der Schwangerschaft so groß, daß sie sich nicht mehr bewegen kann. Die Königin ist eine hochentwickelte Eierlegmaschine, die alle zwei Sekunden ein Ei legt.

Warum hält man die Termiten für die größten Baumeister unter den Insekten?

Die Nester einiger tropischer und subtropischer Termitenarten sind erstaunliche Gebilde. Mit ihren riesigen, fünf bis sechs Meter hohen Türmen bieten diese massiven und in ihrem Inneren überaus komplexen Bauten einem Millionenheer von geschlechtslosen Arbeitern Unterschlupf. Die Bauten sind in der Regel doppelwandig, wobei die Außenwand aus einem extrem harten Zement besteht, der aus Speichel, Exkrementen und Lehm zusammengemischt ist. In Westafrika, wo es stark regnet, bauen sich die Termitenkolonien pilzförmige Nester zum Schutz gegen den Regen. Dieses Pilzdach wird von den Termiten jedes Jahr erneuert.

Termitennest

Wie verteidigen die Termitensoldaten ihre Kolonie?

Termitensoldaten unterscheiden sich dadurch von den Arbeitern, daß sie mit einem großen Kopf und Kiefern ausgestattet sind, mit denen sie Ameisen und andere Eindringlinge angreifen. Einige Termitensoldaten besitzen keine solchen kräftigen Kiefer: Statt dessen läuft ihr Kopf zu einer Spitze oder einem Schnabel zu, mit dem sie eine übelriechende, abstoßende Flüssigkeit verspritzen.

Wanzen und Käfer

Worin besteht der Unterschied zwischen einer Wanze und einem Käfer?

Die Wissenschaft ordnet Wanzen und Käfer zwei unterschiedlichen Gruppen zu, obwohl die Unterschiede zwischen ihnen für das ungeübte Auge kaum erkennbar sind. Sowohl Wanzen als auch Käfer kommen in vielen verschiedenen Formen, Farben und Größen vor. Wanzen saugen mit ihren Freßwerkzeugen flüssige Nahrung auf, die Freßwerkzeuge der Käfer eignen sich dagegen zum Kauen. Bei den Käfern haben sich die Vorderflügel zu harten Schutzabdeckungen für die Hinterflügel entwickelt. Die Vorderflügel der Wanzen sind dagegen entweder zum Teil lederartig und schützen die Hinterflügel, oder sie sind aus demselben membranartigen Gewebe wie die Hinterflügel.

Sind Leuchtkäfer heiß, wenn man sie anfaßt?

Leuchtkäfer haben ihren Namen von dem hellen Licht, das sie im Flug ausstrahlen, aber dieses Licht ist keineswegs heiß. Dieses von der Hinterleibspitze ausgestrahlte Licht ist wegen des hohen Wirkungsgrades, mit dem es erzeugt wird, seltsam kühl.

Das Leuchtkäferweibchen lockt ein Männchen an.

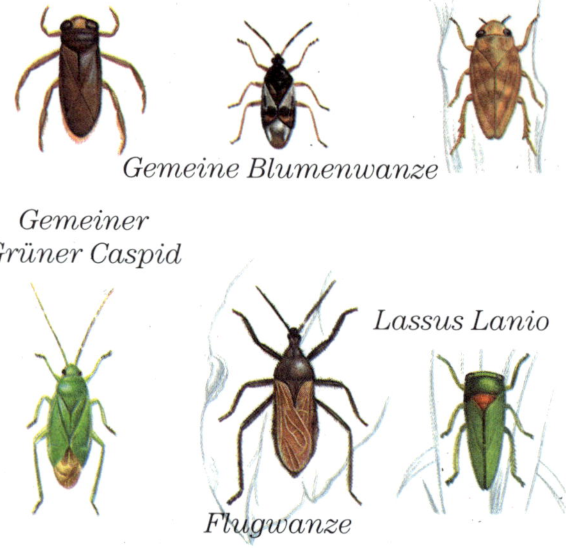

Verschiedene Wanzenarten

Ist ein Glühwürmchen ein Wurm oder ein Insekt?

Ein Glühwürmchen ist ein Insekt – oder genauer gesagt ein Käfer. Es hat seinen Namen, weil das Weibchen keine Flügel hat und eher einem Wurm als einem Käfer ähnelt.

Warum leuchten Glühwürmchen in der Dunkelheit?

Glühwürmchen leuchten in der Dunkelheit, um andersgeschlechtliche Partner anzulocken. Beide Geschlechter leuchten, wobei allerdings nicht klar ist, weshalb es das Männchen tut, da seine Augen groß genug sind, um nach Weibchen Ausschau halten zu können. Nachts erhebt sich das Weibchen aus dem Gras und stellt seinen leuchtenden Hinterleib zur Schau, wodurch geflügelte Männchen aus großen Entfernungen angelockt werden.

Welche Insekten kümmern sich um ihre Jungen?

Der Totengräber ist eines der wenigen Insekten, bei denen das Männchen und das Weibchen als ein Paar zusammenbleiben, um sich um ihre Jungen zu kümmern. Wenn die beiden erwachsenen Käfer den Kadaver eines kleinen Tiers finden, begraben sie ihn. Danach paaren sich die beiden Käfer und das Weibchen legt ihre Eier über dem verwesenden Fleischvorrat ab. Die Larven werden von den Eltern mit erbrochener Nahrung gefüttert. Erst wenn die Maden sich verpuppen, fliegen die Insekten-Eltern weg.

Wie laufen Wasserläufer auf dem Wasser?

Wasserläufer nutzen die Oberflächenspannung des Wassers zum Abstützen ihres Gewichts. Sie halten ihr zweites und drittes Beinpaar weit abgespreizt, wobei sie Dellen auf der Wasseroberfläche verursachen. Wasserläufer bevorzugen langsam fließendes oder stehendes Wasser, bei dem die Oberflächenspannung nicht gestört wird.

Strahlen Laternenträger Licht ab?

Kein Laternenträger leuchtet: Ihr Name kam zustande, weil die früheren Entomologen (Wissenschaftler, die sich mit Insekten beschäftigen) dachten, daß solche seltsam geformten und hell gefärbten Insekten Licht ausstrahlen müßten.

Welches Insekt singt am lautesten?

Zikaden sind nicht nur die lautesten Insekten: Sie sind auch die größten. Ihre Singvorrichtung besteht aus zwei Kammern am Unterteil ihres Hinterleibs. Jeder dieser Kammern besitzt eine steife Innenwand, die nach oben und unten gezogen werden kann, ähnlich wie ein verbogener Büchsendeckel auf- und zugedrückt werden kann. Diese Innenwand kann bis zu 600 Mal in der Sekunde schwingen, wobei die dabei erzeugten Töne von den beiden Resonanzkammern im Hinterleib beträchtlich verstärkt werden. Jede Spezies hat ihr charakteristisches Lied, und manche singen so laut, daß man ein einzelnes Insekt noch in 500 Metern Entfernung hören kann.

Raubwanzen sind wilde Jäger.

Welches Insekt verbringt 17 Jahre unter der Erde?

Die Nordamerikanische Zikade, die manchmal auch Siebzehnjährige Zikade genannt wird, verbringt 17 Jahre ihrer Entwicklung unter der Erde, und ernährt sich während dieser Zeit vom Saft einiger Wurzeln, die sie mit ihren scharfen Freßwerkzeugen ansticht. Wenn das erwachsene, geflügelte Insekt geschlüpft ist, verbringt es den Rest seines Lebens in Bäumen, wo es häufig Vögeln als Beute dient.

Zwei Skarabäen (Dungkäfer) rollen eine Dungkugel in ein sicheres Versteck.

Warum rollen Skarabäen Dung über den Boden?

Der Skarabäus-Käfer ernährt sich von vergrabenen Dungkugeln, in die er auch seine Eier ablegt. Er überzieht den Dung mit einer zähen Haut, um den Nahrungsvorrat und die Larven vor dem Austrocknen zu schützen. Die Käfer rollen die Dungkugeln über den Boden, um ein sicheres Versteck zu finden, wo sie sie vergraben können: Hierfür bevorzugen sie schattige Plätze mit lockerem Boden, um sich die Arbeit zu erleichtern.

Woher hat die Raubwanze ihren Namen?

Die auf der ganzen Erde vorkommenden Raubwanzen verdanken ihren Namen der Schnelligkeit und Wildheit, mit der sie ihre Beute angreifen und lähmen. Alle Raubwanzen sind mit kräftigen, gebogenen Rüsseln ausgestattet, mit denen sie ihre Beute anstechen und sie dann aussaugen. Ihre langen, kräftigen Vorderbeine dienen als Greifer.

Echte Fliegen, Köcherfliegen

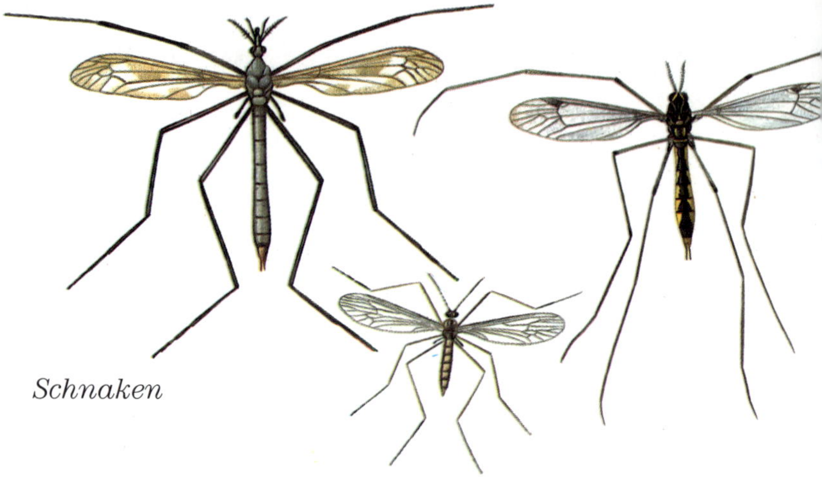

Schnaken

Was ist eine Köcherfliege?

Eine Köcherfliege ist ein nachtfalterähnliches Insekt, dessen Flügel mit kurzen, feinen Härchen, nicht Schuppen, überzogen sind, und das unterentwickelte Freßwerkzeuge besitzt. Die Larve der Köcherfliege ist uns schon eher vertraut: Sie lebt auf dem Grund von Tümpeln oder Flüssen und baut sich aus verschiedenen Abfallmaterialien, wie Blattstücken, Sand und abgebrochenen Halmen, ein tragbares Gehäuse – wobei jede Spezies hierzu andere Materialien bevorzugt. Das Gehäuse, in dem der weiche, weiße Körper der Larve geschützt liegt, wird von Seidenfäden zusammengehalten.

Welches Freßverhalten hat die Hausfliege?

Eine Hausfliege frißt praktisch alles, was überhaupt irgendwie nahrhaft ist – solange es sich in Flüssigkeit umwandeln läßt. Das schließt alle Arten von Tier- und Pflanzenprodukten mit ein – ob verfault oder in anderer Form – und auch Exkremente. Die Freßwerkzeuge der Hausfliege bestehen aus einem Rüssel oder einer langen Saugröhre, die, wenn sie gerade nicht benutzt wird, unter dem Kopf der Fliege zusammengefaltet ist. Wenn eine Hausfliege auf einer passenden Nahrung landet, entrollt sie ihren Rüssel über der Nahrung und pumpt aus ihm Verdauungssäfte heraus, mit deren Hilfe sie die Nahrung verflüssigt und teilweise verdaut. Die verflüssigte Nahrung wird dann durch den Rüssel eingesaugt. Die Überreste eines solchen Fliegenmahls sind nicht nur mit den Verdauungssäften der Fliege verseucht, sondern auch mit Bakterien, die ernsthafte Erkrankungen hervorrufen können.

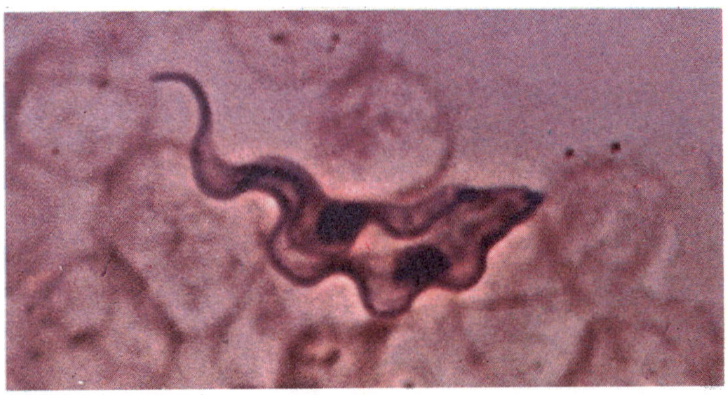

Das einzellige Trypanosoma ist der Parasit, der die Schlafkrankheit verursacht.

Wie viele Flügel hat eine Schnake?

Wie alle echten Fliegen hat auch eine Schnake nur ein Paar Flügel. Die Hinterflügel sind zu einem Paar keulenförmiger Stengel verkümmert, die während des Flugs herumwirbeln und als Balanceorgane dienen. Sie stellen überdies, ähnlich wie die automatische Steuerung in einem Flugzeug, jede Abweichung von der Flugroute fest.

Was meinte Samson, als er sagte: „Vom Starken kommt Süßes"?

Dieses berühmte Rätsel beruht auf Samsons Unvermögen, zwischen einer Honigbiene und einer Drohnenfliege zu unterscheiden. Er sah, daß ein Schwarm von Bienen – wie er meinte – aus dem Kadaver eines Löwen hervorstob, und schloß daraus, daß sie Honig produzieren könnten – daher das Rätsel. Bei den „Bienen" muß es sich allerdings um Drohnenfliegen gehandelt haben, deren Larven in jeglicher verfaulenden organischen Materie heranwachsen und sich verpuppen. Hätte er sich die „Bienen" etwas genauer angesehen, hätte er bemerkt, daß sie nur ein Paar Flügel besaßen und nicht stechen konnten – ein klassischer Fall von Bienenmimikry.

Welche Fliege ist der Überträger der Schlafkrankheit?

Die Tsetse-Fliege aus dem tropischen Afrika, die mit speziellen Freßwerkzeugen für das Blutsaugen ausgestattet ist, überträgt die winzigen, einzelligen Parasiten *(Trypanosomen)*, die beim Menschen die Schlafkrankheit hervorrufen. Obwohl das Weibchen während ihres kurzen, nur sechs Monate dauernden Lebens nicht mehr als 12 Larven zur Welt bringt, hält man weite Landstriche in Afrika wegen dieser Fliege für unbewohnbar.

Bienen, Wespen und Ameisen

Was ist der Unterschied zwischen einer Wespe und einer Biene?

Wie bei allen Insekten sind auch die Körper von Bienen und Wespen dreigeteilt. Bienen haben allerdings einen eher stämmigen, haarigen Körper, während der Körper der Wespen in der Regel glatt und haarlos ist. Bienen sammeln darüber hinaus Pollen und produzieren Bienenwachs, worin sie sich von den Wespen, bis auf zwei, in Zentralamerika vorkommende Wespenarten, unterscheiden.

Wie entstehen Bienenköniginnen?

Bienenköniginnen entstehen aus denselben befruchteten Eiern wie die Arbeiterbienen: Das Geheimnis ihrer Entwicklung liegt in ihrer Ernährung und in der Form ihrer Zelle. Wenn die Kolonie spürt, daß sie eine neue Königin braucht, werden spezielle runde Zellen gebaut, die weit größer sind als die typischen sechseckigen Wabenzellen, in denen die Arbeiterbienen großgezogen werden. Die Bienenkönigin legt daraufhin normale befruchtete Eier in diese Zellen ab. Nach drei Tagen schlüpfen die Larven. Sie werden ausschließlich mit einer speziellen, proteinreichen Substanz, dem sogenannten „Gelee Royal" gefüttert. Sechzehn Tage später beginnen die neuen Königinnen zu schlüpfen, fünf Tage früher als ein gleichzeitig abgelegtes Ei einer Arbeiterbiene.

Eine Bienenkönigin legt Eier in den Wabenzellen ab.

Eine Arbeiterbiene kehrt zum Bienenstock zurück.

Wie kann man eine Arbeiterbiene von einer Drohne unterscheiden?

Eine Arbeiterbiene ist ein unfruchtbares Weibchen. Sie entsteht aus einem befruchteten Ei und ist voll für das Sammeln von Nektar, die Erzeugung von Honig und den Unterhalt des Bienenstocks ausgestattet. Eine Arbeiterbiene ist in der Regel zwischen 12 und 15 Millimeter lang. Eine Drohne dagegen ist eine männliche Biene, die aus einem unbefruchteten Ei entstanden ist. Sie trägt nichts zum Unterhalt des Stocks bei und hat einzig und allein die Aufgabe, sich mit der neuen Königin zu paaren. Drohnen sind in der Regel größer (14 – 18 Millimeter), haben einen breiteren Kopf und können nicht stechen.

Was ist die erste Handlung einer Bienenkönigin, nachdem sie aus ihrer Zelle geschlüpft ist?

Ihre erste Aufgabe besteht darin, alle anderen, gleichzeitig mit ihr geschlüpften, neuen Königinnen zu töten, um ihre Vorrangstellung von vornherein sicherzustellen. Sie tritt allerdings nicht gegen die alte Königin an: Diese bereitet sich vielmehr darauf vor, zu schwärmen und mit einer Gruppe treuer Arbeiterinnen anderswo ein neues Nest zu bauen.

Wie wird Honig gemacht?

Honig wird aus Nektar gemacht, der zuckrigen Flüssigkeit in Blütenkelchen, die von den Bienen mit ihren langen Zungen aufgesaugt und dann in ihren Honigmägen gespeichert wird. Wenn der Honigmagen einer Biene voll ist, kehrt sie zum Stock zurück und gibt den dünnflüssigen Nektar an andere Arbeiterbienen weiter. Die Stockbienen mischen daraufhin den Nektar mit ihren Speichelsekreten und lagern ihn dann in offenen Zellen im Bienenstock ab. Innerhalb von drei Tagen hat sich die Nektarmischung in Honig verwandelt. Der fertige Honig wird dann mit einem Wachsdeckel versiegelt und zu späterem Gebrauch aufbewahrt.

Warum tanzen Bienen?

Bienen führen auf der Honigwabe einen „Tanz“ auf, um anderen Bienen den Standort nektarreicher Blumen mitzuteilen. Mit der Sonne und dem Bienenstock als Bezugspunkten tanzt eine Biene eine Achterfigur, deren Ausrichtung den anderen Bienen die Richtung anzeigt, in der das Futter liegt. Die Häufigkeit und die Schnelligkeit, mit der die Biene mit ihrem Hinterleib wackelt, sind wichtige Hinweise auf die jeweiligen Entfernungen.

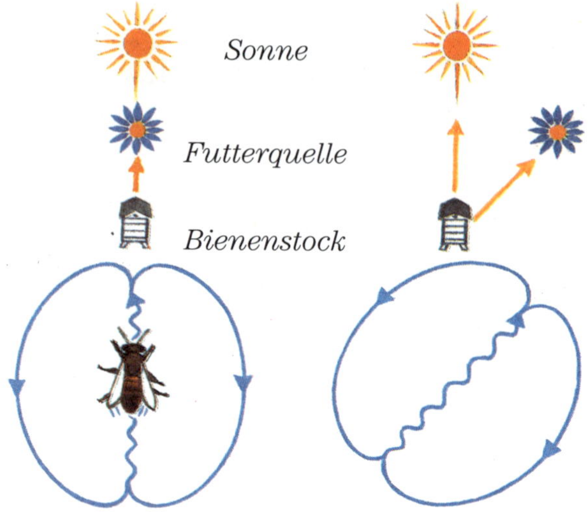

Der „Tanz“ der Biene zeigt anderen Arbeiterinnen, wo die besten Futterquellen zu finden sind.

Warum sammeln Honigbienen Harz?

Honigbienen sammeln Harz von Bäumen, um daraus eine lackähnliche Substanz mit dem Namen *Propolis* herzustellen. Mit dieser Substanz versiegeln die Bienen alle kleinen Ritzen oder Löcher im Bienenstock und mit ihr hüllen sie alle unerwünschten Objekten ein, die zu groß sind, um sie zu entfernen.

Wie sorgt eine Töpferwespe für ihre Jungen?

Töpferwespen bauen kleine Lehmtöpfe aus feiner feuchter Erde und befestigen sie an Pflanzen. Das Weibchen jagt dann Raupen und Spinnen und stopft diesen Vorrat an gelähmten Opfern in den Topf. Danach wird das Ei im Inneren des Topfs an einem Faden aufgehängt. Auf diese Weise ist die heranwachsende Larve mit genügend „frischem“ Futter für ihre Entwicklung versorgt.

Wo legt die Schlupfwespe ihre Eier ab?

Die Schlupfwespe besitzt eine lange Eilegeröhre *(Ovipositor)*. Sie horcht am Stamm eines Nadelbaums, ob sich darin eine Holzwespenmade befindet. Ist dies der Fall, stößt sie ihre Eiröhre unmittelbar neben der fetten Made ins Holz. Als nächstes legt sie ein Ei auf der Holzwespenmade ab, damit diese für die Schlupfwespenlarve als lebender Nahrungsspeicher dient.

Wie sammeln Honigbienen Pollen?

Honigbienen haben an ihren Hinterbeinen kleine Vertiefungen, die man Pollenkörbchen nennt. Wenn eine Biene in eine Blume schlüpft, sammeln winzige Härchen an den Hinterbeinen von den Staubgefäßen Pollen ein. Die vorderen und mittleren Beinen streifen ebenfalls Pollen von den Blumen ab und stopfen sie in die Pollenkörbchen.

Welche „Hausarbeiten“ werden von einer Arbeiterbiene erwartet?

Während der ersten drei Lebenswochen kümmern sich die Arbeiterbienen um die Larven und füttern die Königin und die Drohnen. Sie bauen und reparieren die Honigwaben mit Hilfe eines Wachssekrets aus speziellen Drüsen an ihrem Hinterleib und unternehmen daneben noch kurze Erkundungsflüge, um sich die Lage des Bienenstocks und seine Umgebung einzuprägen.

Worin unterscheiden sich Bienenkolonien von Hummelkolonien?

Honigbienen leben in dauernden Gemeinschaften, die von der Königin zwei oder drei Jahre lang geleitet werden. Hummeln bleiben nur ein Jahr an einem Ort: Die Königin und die anderen Mitglieder der Kolonie sterben am Ende des Sommers, nachdem die neuen Männchen und die jungen Königinnen geschlüpft sind.

Weißschwanzhummel

Honigbiene

Rotschwanzhummel

Was sind Kuckucksbienen?

Kuckucksbienen sind unter den Insekten das, was der europäische Kuckuck unter den Vögeln ist. Wie dieser schleichen sie sich in die Nester anderer ein und ersetzen die Eier der Wirtsart durch die eigenen. Die *Psithyrus*-Kuckucksbiene sieht bis auf die Tatsache, daß sie keine Pollenkörbchen besitzt und kein Wachs herstellen kann, wie eine Hummel aus. Die Kuckucksbienen-Königin schleicht sich in das Nest einer neugebildeten Hummelkolonie und versteckt sich unter der Honigwabe, bis sie den Geruch der Kolonie angenommen hat. Dann zerstört sie die Hummeleier und verwendet das Wachs zum Bau ihrer eigenen Eizellen. Schließlich tötet sie die Hummelkönigin und wird dadurch zum einzigen Eiproduzenten.

Was ist ein Nektardieb?

Beim Einsammeln von Pflanzennektar tragen die meisten Insekten auch Pollen mit sich fort, wodurch sie den Pflanzen die Fortpflanzung ermöglichen. Hummeln und einige andere Insektenarten sind dagegen imstande, von bestimmten Pflanzen Nektar zu „stehlen“. Einige Blumen sind zu lang oder zu dünn, als daß das Insekt den Nektar mit seiner Zunge oder seinem Saugrüssel erreichen könnte. Dann bohrt das Insekt die Blume einfach von außen an und saugt den Nektar aus. Das Insekt entnimmt also den Nektar, sammelt aber keine Pollen.

Wie verständigen sich Ameisen miteinander?

Ameisen verständigen sich durch gegenseitiges Füttern oder „Küssen“. Wenn sich die Ameisen küssen, geben sie einander nicht nur Nahrung weiter, sondern auch Sekrete, die sie beim Ablecken der Königin, ihrer Eier und ihrer Larven aufgenommen haben. Diese Sekrete helfen den Ameisen auch, sich gegenseitig zu erkennen, da jede Kolonie ihren eigenen charakteristischen Geschmack besitzt. Einige Ameisen können aus speziellen Drüsen auch Alarmsekrete absondern. Dank dieser Sekrete können Ameisen in solch organisierter Weise leben.

Wie verläuft der Lebenszyklus einer Ameise?

Ameisen durchlaufen drei Stadien, bevor sie erwachsen werden: Ei, Larve und Puppe. Wenn die Königin Eier legt, werden diese von den Arbeiterinnen saubergeleckt und ins „Kinderzimmer“ gebracht. Nach einigen Wochen schlüpfen aus den Eiern hilflose Larven, die von den Ameisenarbeiterinnen gefüttert werden. Nach einer Weile verpuppen sich die Larven, wobei sie sich zuerst in einen Seidenkokon einspinnen, in dem sie heranreifen. Wenn sie zum Schlüpfen bereit sind, helfen ihnen die Arbeiterinnen beim Aufbrechen des Kokons. In der Regel schlüpfen die Ameisen als flügellose Arbeiterinnen, aber gelegentlich gehen auch geflügelte Männchen und Weibchen hervor, die schließlich versuchen, ihre eigenen Kolonien zu gründen.

Warum werden manche Ameisen auch als Ameisenbauern bezeichnet?

Ebenso wie wir Menschen uns um Kuhherden kümmern und die Milchproduktion fördern, „melken“ Ameisen winzige pflanzenfressende Insekten, die Blattläuse, und nehmen ihnen Honigtau ab. Durch Streicheln mit ihren Fühlern veranlassen die Ameisen die Blattläuse zum Absondern von Honigtau. Diesen trinken die Ameisen und speichern ihn dann in ihrem Kropf. Die Ameisen kümmern sich um die Blattläuse und verscheuchen Feinde, wie Marienkäfer und Schwebfliegenmaden.

Welche Ameise baut sich ihre eigene Nahrung an?

Die in Zentral- und Südamerika beheimateten Blattschneiderameisen schneiden Blätter von Bäumen ab und verwenden sie als Grundlage für die Aufzucht von Pilzen in ihren „unterirdischen“ Gärten. Die Arbeiterameisen kauen die Blätter und drücken sie zu Pilzbetten zusammen, wobei sie die heranwachsenden Pilze mit ihren Exkrementen düngen. Die Pilze dienen der gesamten Kolonie als Nahrung.

Ameisensoldaten

ANDERE WIRBELLOSE

Spinnen sind keine Insekten, sondern *Arachniden*. Anders als ein Insekt, das sechs Beine hat, besitzt eine Spinne acht Beine. Spinnen haben weder Flügel noch Fühler, obwohl das Paar schlanker Mundtaster (Palpen) an ihrer Kopfvorderseite oft fälschlich dafür gehalten wird. Der Körper einer Spinne ist in der Regel behaart und besteht aus zwei Hauptteilen – einem kombinierten Kopf- und Brustteil und einem Hinterleib. Diese beiden Teile sind über eine dünne Taille miteinander verbunden. Alle Spinnen besitzen ein Paar Giftfänge, mit denen sie ihre Beute töten. Darüber hinaus sind alle Spinnen in der Lage, Seidenfäden zu produzieren, obwohl sie daraus nicht immer Netze herstellen.

Anders als ein Insekt hat eine Spinne acht Beine.

Warum findet man Spinnen in der Badewanne?

Entgegen der landläufigen Meinung kommen Hausspinnen nicht aus dem Abfluß. Sie können nicht im Wasser leben und ertrinken sehr schnell, wenn man sie wegspült. Bei der Spinne in der Badewanne handelt es sich wahrscheinlich um ein langbeiniges Spinnenmännchen, das in die Badewanne gefallen ist. Da eine Spinne an der schlüpfrigen Badewannenoberfläche keinen Halt findet, bleibt ihr nichts anderes übrig, als zu warten, bis eine hilfsbereite Person ihr heraushilft.

Was ist ein Arachnophobe?

Fürchtest du Spinnen? Wenn ja, dann bist du ein Arachnophobe! Die europäischen Spinnen sind zumeist harmlos, und es gibt keinen Grund, vor ihnen Angst zu haben. In wärmeren Zonen gibt es jedoch durchaus Spinnenarten, deren Biß starke Schmerzen verursachen, in vereinzelten Fällen sogar zum Tod führen kann. Eine der größten und am meisten gefürchteten Spinnen, die südamerikanische Vogelspinne, ist allerdings für den Menschen nicht sehr gefährlich. Ihr Biß ist nicht schlimmer als ein Bienenstich.

Wie fressen Spinnen?

Spinnen können Nahrung nur in flüssiger Form zu sich nehmen. Da sie keine richtigen Kiefer zum Kauen besitzen, benutzen sie die scharfen Zähne an der Unterseite ihrer Fänge, um ihre Beute zu kauen. Dabei übergießen sie diese gleichzeitig mit Verdauungssäften, so daß sie den entstehenden Brei leichter aufsaugen können. Die Krabbenspinnen, die keine Zähne besitzen, spritzen einfach Verdauungssäfte in ihre Beute und saugen den Inhalt dann durch ein Loch aus. Zurück bleibt nur eine leere Hülse.

Das Freßwerkzeug einer Spinne.

Wie baut eine Spinne ihr Netz?

Eine Spinne produziert am Ende ihres Hinterleibs flüssige Seide. Diese härtet aus, sobald sie mit Luft in Berührung kommt, und ergibt einen Faden, der fester ist als ein Stahldraht derselben Dicke. Das bekannteste Spinnennetz ist das Radnetz, das von vielen Spinnen gebaut wird und dem Rad eines Fahrrads ähnelt. Um ein Radnetz zu bauen, spinnt die Spinne zunächst einen Faden zwischen zwei Stützen und legt dann einen durchhängenden Faden darunter. Diesen zieht die Spinne daraufhin nach unten, so daß er die Form eines V bekommt. Die Spitze dieses V wird dann zum Mittelpunkt oder zur „Nabe“ des Netzes, von dem die Spinne dann weitere „Speichen“ wegführt. Zur Vervollständigung des Außenrandes befestigt die Spinne weitere Fäden an geeigneten Stützen. Sobald alle Randfäden und Radialspeichen in Stellung sind, beginnt die Spinne, zur Stabilisierung eine Spirale von der Nabe in Richtung Rand zu spinnen. Zum Schluß legt sie eine Spirale von außen nach innen, wobei sie hierfür eine spezielle, klebrige Seide verwendet, an der später Insekten hängenbleiben sollen. Sobald die Spinne bei der Mittelnabe angekommen ist, nimmt sie entweder eine Wartestellung ein oder legt sich in unmittelbarer Nähe ihres Netzes auf die Lauer.

Wie verhindert eine Spinne, daß sie sich in ihrem eigenen Netz verfängt?

Eine Spinne vermeidet das Verheddern im eigenen Netz dadurch, daß sie für dessen Bau zwei Arten von Fäden benutzt. Die Nabe des Netzes, wo die Spinne auf der Lauer liegt, ist ebenso wie die „Speichen” des Netzes aus trockenen Fäden gesponnen, während der Rest aus klebrigen Seidenfäden besteht. Wenn die Spinne über ihr Netz krabbelt, benutzt sie hierfür die trockenen Speichen und vermeidet es tunlichst, die klebrigen Fäden mit ihren Beinen zu berühren. Selbst wenn sie es täte, würden die öligen Absonderungen an ihren Beinen sie vor dem Festkleben schützen.

Sind Spinnen für den Menschen gefährlich?

Fast alle Spinnenarten sind mit Giftdrüsen ausgestattet, die Gift zum Überwältigen der Beute produzieren. Nur eine einzige kleine Familie von netzbauenden Spinnen kommt ohne ein solches Gift aus. Die überwiegende Mehrheit der Spinnen kann jedoch dem Menschen mit ihrem Gift nicht schaden. Es gibt lediglich etwa 30 Spinnenarten, die für uns wirklich gefährlich sind. Viele Spinnen können die menschliche Haut mit ihren Fängen nicht einmal durchdringen, und die meisten, die uns beißen können, verursachen lediglich Schmerz oder Jucken. Zu den wirklich gefährlichen Spinnen gehört die berüchtigte Schwarze Witwe, deren Gift fünfzehnmal tödlicher ist als das der Klapperschlange.

Wieviel Seide braucht eine Spinne für den Bau ihres Netzes?

Ein großes Spinnennetz kann aus bis zu 30 Metern Seidenfäden bestehen, die so fein sind, daß sie kaum mehr als ein halbes Milligramm wiegen. Eine Spinne kann 4000 Mal schwerer als das Netz sein, ohne daß es reißt. Das Netz kann noch viel schwerere Beutetiere halten – woran sich die überragende Qualität der Konstruktion ermessen läßt.

Warum muß ein Spinnenmännchen aufpassen, wenn es um ein Weibchen wirbt?

Das Männchen muß überaus vorsichtig sein, sonst kann es ihm passieren, daß es vom Weibchen gefressen wird. Um das zu vermeiden, wendet das Männchen verschiedene Werbungsrituale an. Männliche, netzbauende Spinnen lenken die Aufmerksamkeit des Weibchens auf sich, indem sie auf eine bestimmte Weise an ihrem Netz zupfen, während Männchen anderer Spinnenarten dem Weibchen ein in Seidenfäden eingewickeltes Insekt präsentieren, um es bei der Paarung abzulenken. Wartet das Männchen zu lange, kann es ihm passieren, daß das Weibchen es plötzlich beißt, in Seidenfäden wickelt und seinen Körper als Nahrung für die Brut verwendet.

Weibliche Spinnen fressen mitunter die Männchen auf, die gekommen sind, um sich mit ihnen zu paaren.

Eine Falltürspinne in ihrem Bau.

Wie fängt die Falltürspinne ihre Beute?

Falltürspinnen leben in heißen Tropenregionen, in Bauten, die mit einer Klappfalltür aus Seidenfäden verdeckt sind. Die Spinne sitzt in ihrem Bau und wartet auf die Erschütterungen, die von vorüberkommenden Opfern verursacht werden. Dann stößt sie die Tür auf, stürzt sich auf ihr Opfer und zieht es in den Bau, wo sie es frißt.

Können Spinnen fliegen?

Spinnen haben keine Flügel, aber das heißt nicht, daß sie nicht „in die Luft gehen" können. Wenn junge Spinnen bestimmter Arten von ihren Geschwistern wegkommen wollen, ziehen sie einen Seidenfaden aus ihrem Hinterleib und warten darauf, daß dieser vom Wind erfaßt wird. Wenn dies der Fall ist, produziert der Hinterleib immer mehr Seidenfäden und die Spinne wird mit zunehmendem Zug der Fäden immer höher in die Luft gehoben. Auf diese Weise werden die Spinnen manchmal über Entfernungen von mehreren hundert Kilometern davongetragen. Diese als „Ballonflug" bezeichnete Fortbewegungsform ist eine wirksame Methode, um sicherzustellen, daß alle geeigneten Lebensräume von den Spinnen kolonisiert werden.

Haben alle Skorpione einen tödlichen Stachel?

Der Stachel eines Skorpions befindet sich an der Spitze seines langen, gebogenen Schwanzes, den das Tier entweder zur Seite, oder über seinen Rücken gebogen hält. Einige Skorpione haben einen harmlosen Stich, während der Stich anderer Arten, besonders von Angehörigen der Familie *Buthidae*, für Menschen tödlich sein kann. Skorpione leben in warmen, trockenen Regionen und sind hauptsächlich nachts aktiv. Sie ernähren sich von Spinnen, Insekten und anderen kleinen Tieren. Zum Fangen ihrer Beute verwenden sie ihre großen Zangen, wobei einige Skorpionarten damit ihre Opfer zu Tode drücken, ohne ihren giftigen Stachel zu benutzen.

Skorpion

Warum wird ein Weberknecht manchmal mit einer Spinne verwechselt?

Die langbeinigen Weberknechte haben zwar acht Beine wie eine Spinne, aber damit endet die Ähnlichkeit auch schon. Der Körper des Weberknechts besteht aus einem Stück ohne Taille, und das Tier kann kein Netz spinnen. Ihr zweites Beinpaar ist stets länger als die drei restlichen Paare und anders als eine sechs- bis achtäugige echte Spinne, hat der Weberknecht nur zwei einfache Augen. Am häufigsten kann man Weberknechte während der Erntezeit beobachten, da dann die erwachsenen Tiere zu ihrer vollen Reife gelangen.

Weberknecht

Andere Gliederfüßer

Haben Hundertfüßer wirklich hundert Beine?

Trotz seines Namens hat kein Hundertfüßer wirklich exakt hundert Beine. Einige können mehr, einige aber auch weniger haben. Die bekanntesten Gartenhundertfüßer haben sogar nur 15 Beinpaare. Die Tiere halten sich vorzugsweise an dunklen, feuchten Plätzen, unter Baumstämmen oder Steinen auf.

Worin besteht der Unterschied zwischen einem Hundertfüßer und einem Tausendfüßer?

Obwohl gemeinhin angenommen wird, daß ein Tausendfüßer mehr Beine hat als ein Hundertfüßer, würde das reine Zählen der Beine wenig Aufschluß über die Unterschiede zwischen beiden bringen. Wenn man einen Hundertfüßer von einem Tausendfüßer unterscheiden will, muß man sich die Anzahl der Beinpaare pro Körpersegment ansehen. Tausendfüßer haben an den meisten Segmenten zwei Beinpaare, während Hundertfüßer nur eines haben. Darüber hinaus weist der Körper eines Tausendfüßers in der Regel einen runden Querschnitt auf, der Körper des Hundertfüßers dagegen einen abgeflachten. Tausendfüßer sind für gewöhnlich lang und dünn, und bewegen sich langsam. Sie ernähren sich von totem Pflanzenmaterial in der Erde oder von herabgefallenen Blättern, also rein vegetarisch. Die Hundertfüßer sind dagegen schnelle und gewandte Räuber, die ihre Beute durch giftige Bisse überwältigen.

Warum sind Tausendfüßer leidenschaftlicher als Hundertfüßer?

Da Tausendfüßer sich ausschließlich vegetarisch ernähren, muß ein potentieller Partner nie befürchten, bei lebendigem Leibe gefressen zu werden. Der fleischfressende Hundertfüßer ist dagegen keineswegs abgeneigt, einen Artgenossen zu verspeisen, wenn sich ihm die Gelegenheit bietet. Tausendfüßer können sich aus diesem Grund bei der Paarung eng ineinanderschlingen, um sicherzugehen, daß der Same vom Männchen auf das Weibchen übertragen wird. Bei den Hundertfüßern läuft die Paarung dagegen ohne gegenseitige Berührung ab, und zwar so, daß das Weibchen ein vom Männchen abgelegtes Samenpaket aufnimmt.

Warum sollte man nie versuchen, sich eine Zecke aus der Haut zu ziehen?

Wenn sich eine Zecke in die Haut gebohrt hat, sind ihre Mundwerkzeuge so fest darin verankert, daß sie in der Haut stecken bleiben, wenn man versucht, die Zecke einfach herauszuziehen, was zu Entzündungen führen kann. Statt dessen kann man die Zecke entweder mit einem Pflaster abdecken (was sie irritiert und dazu veranlaßt, ihren Griff zu lockern), oder man kann die Zecke mit Spiritus bestreichen, was sie ebenfalls vertreibt.

Ist eine Kugelassel ein Insekt?

Die Gemeine Kugelassel ist näher mit den Krebsen als mit den Insekten verwandt. Sie besitzt sieben Paar Beine und einen Körper, der mit hornigen, einander überlappenden Platten überzogen ist, die Wasser sowohl hinein als auch wieder herauslassen. Folglich halten die Asseln sich am liebsten an dunklen, feuchten Orten auf, wo sie vor dem Austrocknen geschützt sind. Sie sind hauptsächlich in der Nacht aktiv, wenn es kühl und feucht ist.

Wie wirft eine Kugelassel ihre Haut ab?

Statt ihre ganze Haut auf einmal abzuwerfen, häutet sich eine Kugelassel in zwei Stufen. Zuerst verliert sie die Haut der hinteren Körperhälfte. In diesem Stadium sehen die Tiere recht seltsam aus: Während ihre vordere Hälfte die normale graue Farbe hat, ist der Rest des Körpers cremig weiß. Erst wenn die neue Haut hartgeworden ist und sich grau färbt, wirft die Kugelassel die Haut der vorderen Körperhälfte ab. In der Regel verbirgt sich die Assel während der Häutung, da sie gegenüber Räubern verwundbar ist.

Krebse und Panzerkrebse

Was ist ein Krustentier?

Man hat die Krustentiere als die kiemenatmenden Insekten des Meeres bezeichnet. Sie gehören in der Tat derselben Ordnung (*Arthropoda*) an wie die Insekten und umfassen eine Vielzahl verschiedener Arten, die zumeist im Meer leben. Ihre wichtigste Gemeinsamkeit besteht in zwei Paar Fühlern. Krebse, Hummer, Garnelen, Krabben, Wasserflöhe und Entenmuscheln gehören alle zu dieser Gruppe.

Wie groß ist das größte Krustentier?

Die Japanische Riesenkrabbe, deren Greifer ausgestreckt bis zu drei Meter lang sein können, kann für sich den Titel „Größtes Krustentier der Welt“ beanspruchen. Ihre Gliedmaßen, die bis zu zwei Meter lang werden, sind so schwer, daß sie ihre Muskeln ohne den Auftrieb des Wassers nicht bewegen können. Exemplare, die Fischern ins Netz gingen und an Land gebracht wurden, hatten große Schwierigkeiten, sich dort zu bewegen.

Wo leben Krebse?

Die meisten leben im Meer oder an der Küste, und einige wenige leben auch in Flüssen. In den Tropen verbringen manche Krebse einen Teil ihres Lebens an Land und einige wenige Krebsarten klettern auf Bäume. Es gibt sogar Regenwaldkrebse, die in kleinen Wasserlachen leben, die sich hoch in den Baumwipfeln gebildet haben.

Welche Krebse leben an Land?

In tropischen Gegenden verbringen einige Einsiedlerkrebsarten den Großteil ihres Lebens an Land, wobei sie sich in leeren Schneckenhäusern einnisten und sich von tierischer und pflanzlicher Nahrung ernähren. Das bemerkenswerteste und gleichzeitig größte dieser landlebenden Krustentiere ist der Palmendieb. Bei einem Panzerdurchmesser von 30 Zentimetern kann er mühelos den Stamm einer Kokospalme mit seinen Beinen umfassen und auf den Baum klettern, um sich Früchte zu holen. Wie alle Einsiedlerkrebse sucht auch der Palmendieb zur Paarung das Meer auf.

Einsiedlerkrebs

Welcher Krebs nistet sich in leeren Weichtierschalen ein?

Einsiedlerkrebse haben ihren eigenen Schutzpanzer aufgegeben und bedienen sich dafür lieber leerer Weichtierschalen. Ihr weicher, rosiger Körper ist von Natur aus biegsam, so daß sie problemlos in die Windungen ihrer geborgten Häuser passen. Ihre Greifer sind ungleich, wobei der rechte größer, etwas abgeflacht und stärker gepanzert ist, damit der Krebs mit ihm die „Tür“ zu seiner Schale sicher verschließen kann. Die dicke Weichtierschale schützt den Einsiedlerkrebs nicht nur vor gefräßigen Räubern, wie Fischen, Hummern und Kraken, sondern erspart ihm auch die gefährliche Aufgabe, seine Schale von Zeit zu Zeit abzuwerfen und sich eine neue wachsen zu lassen. Wenn ein Einsiedlerkrebs für sein geborgtes Haus zu groß wird, sucht er sich einfach ein größeres.

Wie viele Beine hat ein Panzerkrebs?

Ebenso wie Krebse, Garnelen, Hummer und Krabben hat auch ein Panzerkrebs zehn Beine in zwei Paaren zu je fünf. Das erste Beinpaar hat sich vergrößert und zu Scheren umgebildet, während die restlichen vier Paare zum Laufen dienen. Panzerkrebse sind nachtaktive Aasfresser, die schnell fließendes Süßwasser in kreidehaltigen Regionen bevorzugen. Ihr Schwanz- und Muskelfleisch wird als Delikatesse gerühmt.

Warum sind gekochte Hummer rot?

Obwohl Hummer mit ihren großen Zangen furchteinflößend aussehen, sind sie in Wirklichkeit Aasfresser, die sich von den Kadavern toter Meerestiere ernähren. Lebende Hummer haben eine bläulich schwarze Farbe, mit der sie sich kaum vom Meeresboden abheben. Aufgrund einer chemischen Veränderung in ihren Pigmenten werden sie beim Kochen rot.

Welches Krustentier ist für das Überleben der großen Wale von entscheidender Bedeutung?

Der winzige, krabbenähnliche Krill bildet einen Hauptteil der Nahrung vieler Wale, wie auch von Robben, Pinguinen, Sturmvögeln und anderen großen Meereslebewesen. Diese winzigen Krustentiere rotten sich im Südpolarmeer zu riesigen Schwärmen von einigen hundert Millionen Tieren zusammen. Ein einzelner Blauwal kann in einem Jahr bis zu 450 Tonnen Krill fressen.

Wie fangen Entenmuscheln ihre Beute?

Entenmuscheln sind Krustentiere, die ihr ganzes Leben an einem einzigen Ort festgeklammert verbringen – an Felsen, an Treibholz, Schiffen und sogar an anderen Meereslebewesen. Die an den Küsten am weitesten verbreiteten Entenmuscheln sind die Seepocken. Wenn die einsetzende Flut über sie hinwegspült, stoßen sechs borstige Tentakelpaare ins Wasser, um alles, was an Nahrungsteilchen vorbeitreibt, einzusammeln. Geht die Flut zurück, zieht die Seepocke ihre Tentakeln wieder ein und schließt ihre Schale.

Welche Entenmuschel lebt als Parasit von Krebsen?

Die wurzelköpfige Entenmuschelart *Sacculina* klammert sich am Körper eines jungen Krebses fest und injiziert einige ihrer Zellen in die Blutbahn des Krebses. Diese Zellen durchlaufen den Körper des Krebses und setzen sich schließlich in der Nähe des Darms ab, wo sie Nährstoffe absorbieren und wurzelförmige Auswüchse auf den gesamten Krebskörper verteilen. Der Sacculina-Parasit zerstört die Fortpflanzungsorgane des Krebses und hindert ihn am Häuten. Schließlich tritt der Parasit als ein mit Eiern gefüllter Knoten unter dem Hinterleib des Krebses aus, von wo er seinen Wirt verlassen und sich einen neuen suchen kann.

Kaiserhummer

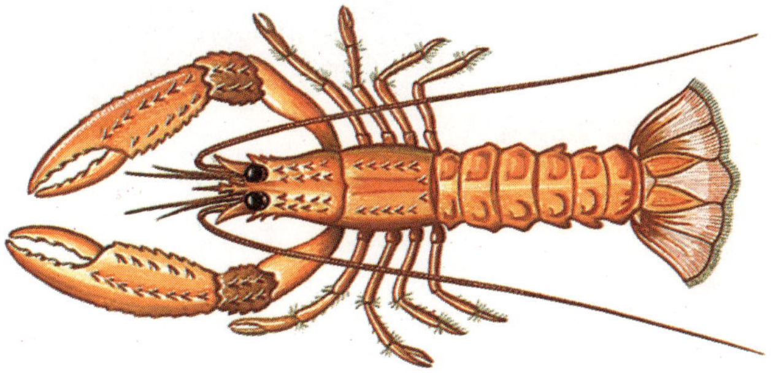

Warum ist ein Greifer der männlichen Winkerkrabbe größer als der andere?

Winkerkrabben sind in den Schlammzonen der Salzmarschen und Mangrovensümpfe tropischer Regionen weit verbreitet. Bei Niedrigwasser krabbeln sie herum und strecken dabei ihre riesigen Greifer wie Flaggen in die Luft. Diese übergroßen Greifer sind hell gefärbt, zumeist rot, und dienen zwei Zwecken. Zum einen sollen sie andere Männchen vom jeweiligen Territorium der Krabbe fernhalten und zum anderen spielen sie eine Rolle in einem ausgeklügelten Balzritual. Der kleinere Greifer wird von der Krabbe wie ein Löffel zum Fressen benutzt, mit dem sie grüne Algen und Pflanzenreste aus dem Schlamm kratzt.

Krabbe

Können Krabben schwimmen?

Strandkrabben haben das Schwimmen ganz aufgegeben und benutzen ihre vier Beinpaare ausschließlich dazu, sich auf seltsame Weise seitwärts fortzubewegen. Schwimmkrabben dagegen haben ihr viertes Beinpaar zu einem Paar abgeflachter Flossen umgebildet. Die Krabbe bewegt diese Flossen im Wasser schnell auf und ab, und treibt sich so mit erstaunlicher Geschwindigkeit vorwärts.

Woher kommen Scampi?

Die bekannte Speise Scampi besteht aus den Schwanzpartien des Kaiserhummers, einer bis zu 20 cm großen Krebsart, die an der nordöstlichen Atlantikküste vorkommt. Der Kaiserhummer ist orange mit roten Markierungen, und besitzt fünf Beinpaare, wobei das erste Paar zu Beißzangen ausgebildet ist.

FISCHE

Was ist ein Fisch?

Ein Fisch ist ein Wirbeltier (ein Tier mit einem Rückgrat), das sein ganzes Leben im Wasser verbringt. Der Körper von Fischen ist in der Regel mit Schuppen bedeckt, und sie besitzen Flossen, die ihnen beim Schwimmen im Wasser helfen. Die meisten Fische sind Kaltblüter und holen sich den Sauerstoff mit Hilfe von Kiemen aus dem Wasser, die den Lungen bei luftatmenden Tieren entsprechen.

Wie viele Fischarten gibt es?

Fische sind bei weitem die größte Wirbeltiergruppe. Man schätzt, daß es mehr als 22 000 verschiedene Fischarten gibt, von denen etwa ein Drittel in Süßwasser und zwei Drittel im Meer leben. Wissenschaftler teilen die Fische in drei Gruppen ein: kieferlose Fische (von denen es etwa 60 Arten gibt); Haie und Rochen (etwa 600 Arten) und Knochenfische (mehr als 20 000 Arten). Die Knochenfische sind zweifellos die am weitesten verbreitete Gruppe, sie haben so gut wie jedes Gewässer auf der Erde besiedelt.

Warum sterben Fische, wenn man sie aus dem Wasser nimmt?

Wie alle Tiere brauchen Fische Sauerstoff zum Leben. Anders als an Land lebende Tiere können jedoch Fische Sauerstoff nur dann aufnehmen, wenn er in Wasser gelöst ist. Wird ein Fisch aus dem Wasser genommen, stirbt er nach kurzer Zeit. Fische schlucken Wasser mit ihrem Mund, drücken es durch ihre rosafarbenen Kiemen und pressen es dann durch Öffnungen an beiden Seiten des Kopfes wieder heraus.

Warum sind Süßwasserschnecken so wichtig für Teichfische?

Ein gesunder Teich ist eine in sich geschlossene Gemeinschaft von Pflanzen und Tieren, die in natürlicher Harmonie zusammenleben. Wird dieses Gleichgewicht gestört, kann die gesamte Gemeinschaft gefährdet sein. Süßwasserschnecken leisten beispielsweise ihren Beitrag, indem sie das Pflanzenwachstum regulieren und so das Gleichgewicht der Gase im Wasser aufrechterhalten. Ohne sie würden die Pflanzen unkontrolliert weiterwachsen und dem Wasser immer mehr Sauerstoff entziehen. Da Fische aber ohne Sauerstoff nicht leben können, wäre der Teich nach kurzer Zeit voller Unkraut und alles tierische Leben erloschen.

Was ist ein Knochenfisch?

Ein Fisch wird dann als Knochenfisch bezeichnet, wenn sein Skelett aus Knochen besteht und sein Körper mit einander überlappenden Schuppen bedeckt ist. Seine Kiemen sind in der Regel mit einer knochigen Hautklappe geschützt, und er besitzt für gewöhnlich eine Schwimmblase. Knochenfische leben sowohl im Süß- als auch im Salzwasser und kommen in einer Vielzahl von Formen und Größen vor.

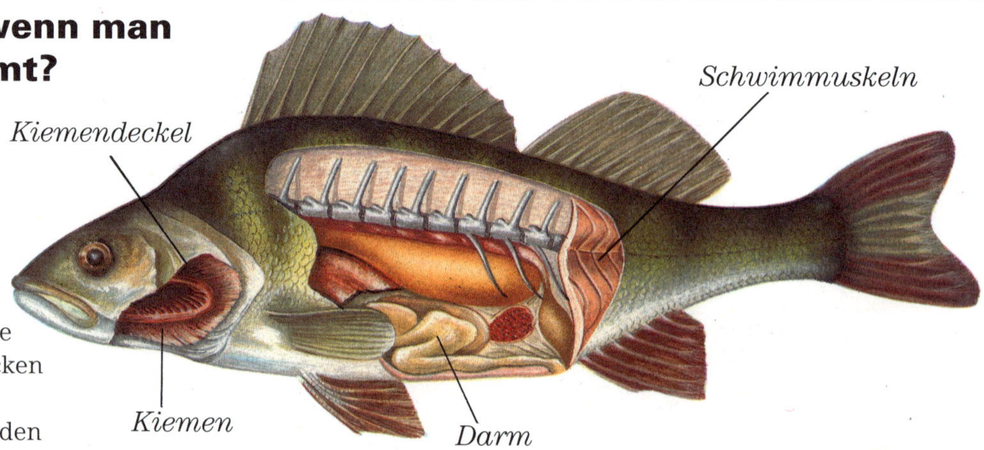

Wie kann man das Alter eines Fisches feststellen?

Anders als landlebende Tiere, die mit Erreichen ihrer Reife zu wachsen aufhören, wachsen Fische ihr Leben lang. Je älter ein Fisch ist, um so größer wird er. Da die Anzahl der Schuppen, die den Körper des Fisches bedecken, gleich bleibt, nehmen auch sie am Wachstum des Fisches teil und bilden Wachstumsringe, anhand derer sich das Alter des Fisches berechnen läßt.

Wie schwimmen Fische?

Die meisten Fische wedeln zum Schwimmen mit ihrem Körper, wobei der Vorwärtsschub durch Muskelkontraktionen verursacht wird, die in Wellenform den Körper entlanglaufen. Die starken Muskeln auf beiden Seiten des Fischkörpers können mitunter bis zu 75 Prozent seines Gewichts ausmachen und sind in vielen Fällen der Teil des Fisches, den wir gerne essen.

Welche Rolle spielen die Flossen beim Schwimmen?

Die Flossen der meisten Knochenfische dienen nicht dazu, den Fisch im Wasser voranzutreiben: Sie dienen vielmehr zum Manövrieren, d.h. sie helfen dem Fisch, einen geraden, gleichmäßigen Kurs durch das Wasser zu steuern. Dabei fällt jeder Flosse eine eigene Aufgabe zu. Die in Paaren vorhandenen Brust- und Bauchflossen kontrollieren die Neigung nach oben und unten und fungieren als Bremsen, wenn der Fisch sich nicht mehr vorwärts bewegen will. Die Rücken- und Afterflossen, von denen der Fisch jeweils nur eine besitzt, halten ihn aufrecht und verhindern, daß er sich um die eigene Achse dreht. Die Schwanzflosse schließlich dient als wirksames und wohlkonstruiertes Ruder.

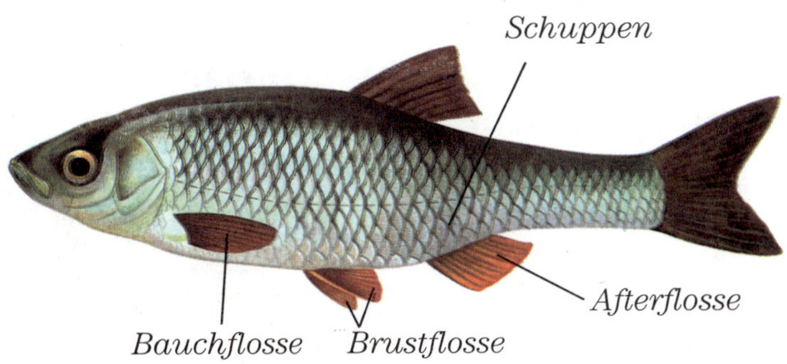

Die Flossen am Körper eines Fisches.

Was ist ein Schwarm?

Ein Schwarm ist eine Ansammlung von Fischen, die zusammenleben. Die Form des Schwarms ist von Spezies zu Spezies unterschiedlich. Heringe bilden beispielsweise bandähnliche Schwärme, die mehrere Kilometer lang sein können. Andere, wie die Kalifornische Sardine, können sich dagegen zu einer kompakten Kugel zusammenballen, wenn sie erschreckt werden. Die moderne Hochseefischerei basiert weitgehend auf der Tatsache, daß Fische Schwärme bilden – ist es doch viel leichter, große Mengen eng beieinanderstehender Fische zu fangen als einzeln verstreute.

Warum bilden Fische Schwärme?

Der Hauptgrund dafür, daß Fische Schwärme bilden, ist der, daß sie in der Masse sicherer sind. Man hat schwärmende Fische dabei beobachtet, wie sie einen Räuber dadurch in die Flucht schlugen, daß sie ihn zuerst einkreisten und dann verfolgten, wobei die Mitglieder des Schwarms ihre Bewegungen mit erstaunlicher Präzision aufeinander abstimmten. Es ist durchaus möglich, daß der Angreifer zu der Annahme verleitet wurde, es handle sich bei dem Schwarm um einen einzigen großen Fisch, woraufhin der Angreifer dann beschloß, diesen lieber in Ruhe zu lassen!

Ein Fischschwarm

Wie vermeiden Schwarmfische Zusammenstöße miteinander?

Fische besitzen ein System, mit dem sie Bewegungen im Wasser um sich herum spüren. Dieses sogenannte *Seitenlinien-System* besteht aus einem mit Flüssigkeit gefüllten Kanal, der unmittelbar unter der Haut des Fisches verläuft und oft wie eine gemaserte Linie aussieht. Dieses System befähigt den Fisch, Veränderungen des Wasserdrucks durch die Bewegung anderer Fische wahrzunehmen – es ist, als würde er andere Fische fühlen, ohne sie zu berühren.

Ein Fisch, bei dem man die Seitenlinie deutlich sieht.

Schlafen Fische?

Obwohl Fische ihre Augen nicht schließen können, weil sie keine Augenlider haben, schlafen sie, wozu sie sich oft am Grund oder in der Nähe von Wasserpflanzen niederlassen. Eine Fischart, der Papageifisch, hüllt sich in eine Decke aus Schleim ein, bevor er sich schlafenlegt. Dieser Fisch verbringt am Abend nicht selten eine Stunde damit, sich sein Bett aus Schleim zu bauen.

Wie benutzt ein Fisch seine Schwimmblase?

Eine Schwimmblase ist einfach ein mit Luft gefüllter Sack im Inneren des Fischkörpers und dient zum Druckausgleich im Wasser. Nicht alle Fische besitzen ein solches Organ.

Warum legen Fische so viele Eier?

Fische legen deshalb eine so große Zahl von Eiern, weil die Chance, ein ausgewachsener Fisch zu werden, für Jungfische sehr gering ist. Die Mehrzahl der Fischarten legt Zehntausende von Eiern, um die sie sich dann nicht mehr kümmern und von denen viele, noch bevor die Jungen schlüpfen, gefressen werden. Diejenigen Fische, die sich in irgeneiner Weise um ihre Eier kümmern, wie etwa das Seepferdchen und der Stichling, legen dafür auch weniger Eier.

Was fressen Fische?

Obwohl die meisten Fische Fleischfresser sind, hängt das gesamte Leben im Meer letztlich von Pflanzen ab. Die Millionen winziger Pflanzen, die an oder knapp unter der Wasseroberfläche treiben – die sogenannten Algen oder Diatomeen – bilden die Nahrung vieler Kleintiere, wie zum Beispiel der Krustentiere. Diese Krustentiere werden von kleinen Fischen gefressen, die wiederum größeren Fischen als Nahrung dienen, wodurch eine *Nahrungskette* aus Tieren und Pflanzen entsteht. Es ist wichtig, daß das Gleichgewicht dieser Nahrungskette aufrechterhalten wird. Verringert sich beispielsweise aufgrund von Überfischung die Zahl einer bestimmten Fischart, kann dies weitreichende Konsequenzen für den Rest der Kette haben.

Der größte Fisch der Welt ist der Walhai.

Welches ist der größte Fisch?

Der größte lebende Fisch ist der Walhai, der bis zu 18 Meter lang werden kann. Er ist ein Filterfresser, der sich von kleinen Fischen und Plankton ernährt.

Kieferlose Fische

Warum finden Wissenschaftler kieferlose Fische so interessant?

Kieferlose Fische sind eine kleine Gruppe von Fischen, die aus Schleimaalen und Neunaugen besteht. Sie sind deshalb so interessant für die Wissenschaft, weil es sich bei ihnen um sehr einfache Wirbeltiere handelt, deren Vorfahren als Stammväter der echten Fische betrachtet werden. Ihr langer, aalähnlicher Körper besitzt keine Gliedmaßen, keine Schuppen, keinen Schädel und keine echten Knochen, und ihm fehlt ebenso wie den ersten Fischen ein Kiefer.

Wie fressen kieferlose Fische?

Sowohl Schleimaale als auch Neunaugen benutzen zum Fressen saugnapfähnliche Mäuler, obwohl ihr Freßverhalten sich ansonsten weitestgehend unterscheidet. Schleimaale bohren sich mit Hilfe ihrer rauhen Zunge in schwache oder tote Fische, um dann das gesamte Fleisch zu fressen, bis nur noch Haut und Knochen übrig sind. Neunaugen dagegen leben als Parasiten. Sie benutzen ihre mit scharfen, hornigen Zähnen gesäumten Saugnäpfe, um sich an anderen Fischen festzuklammern und sich dann von deren Blut zu ernähren.

Das saugnapfähnliche Maul eines Neunauges.

Wie atmet ein Neunauge beim Fressen?

In der Regel atmen Neunaugen, indem sie Wasser durch das Maul aufnehmen, es über ihre Kiemen fließen lassen und es durch Kiemenöffnungen an beiden Kopfseiten wieder herauspumpen. Wenn der Saugnapf jedoch gerade in Gebrauch ist, muß das Wasser durch die Kiemenöffnungen sowohl zu- als auch wieder abfließen.

Ein Neunauge hat sich an einer Forelle festgebissen und benutzt sie als Nahrungsquelle.

Warum sind Schleimaale so schleimig?

Die Haut eines Schleimaals ist über und über mit schleimabsondernden Drüsen bedeckt, die den Schleim produzieren, der diesen Tieren ihren Namen gegeben hat. Wissenschaftler glauben, daß dieser Schleim als Schutzüberzug dient.

Wo legen Neunaugen ihre Eier ab?

Obwohl die erwachsenen Neunaugen sowohl in Salz- als auch in Süßgewässern leben, schwimmen alle Neunaugen zur Eierablage in Süßgewässer. Dort legen sie eine große Menge Eier in Kiesnestern ab, wo aus den Eiern dann blinde, am Boden lebende Larven schlüpfen. Die Larven leben bis zu sechs Jahre lang in den schlammigen Flußbetten und ernähren sich während dieser Zeit von winzigen Pflanzen. Erst wenn sie sich zu erwachsenen Fischen entwickelt haben , stellen sie ihre Nahrungsgewohnheiten auf Blut um.

Haie und Rochen

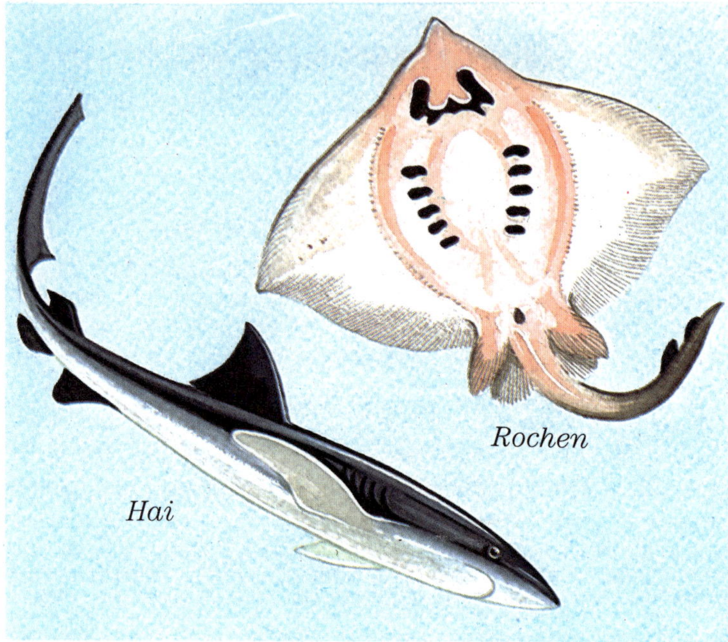

Worin unterscheiden sich Haie und Rochen von Knochenfischen?

Haie und Rochen sind reine Meeresbewohner und unterscheiden sich darin von anderen Fischen, daß sie ein Knorpelskelett besitzen. Knorpel ähnelt dem Knochen, ist jedoch eher gummiartig und nicht so hart. Ihre Haut ist rauh wie Sandpapier und ihre Kiemen haben keine Schutzklappe, so daß ihre Kiemenschlitze deutlich zu erkennen sind. Der wichtigste Unterschied zu anderen Fischen besteht jedoch im Fehlen einer Schwimmblase; Haie und Rochen müssen dauernd schwimmen, damit sie nicht auf den Meeresboden sinken.

Sind alle Haie gefährlich?

Von den mindestens 250 Haiarten, die es auf der Erde gibt, werden nur etwa 25 als für den Menschen gefährlich angesehen. Zu ihnen gehören der Große Weiße Hai, der Hammerhai, der Tigerhai und der Mako. Der größte aus dieser Gruppe, der Große Weiße Hai, ist berüchtigt, da eine beträchtliche Anzahl von Angriffen auf Menschen bekannt sind. Tropische Strände in Gebieten, wo bekanntermaßen immer wieder Haie auftauchen, werden in vielen Fällen durch Hainetze geschützt.

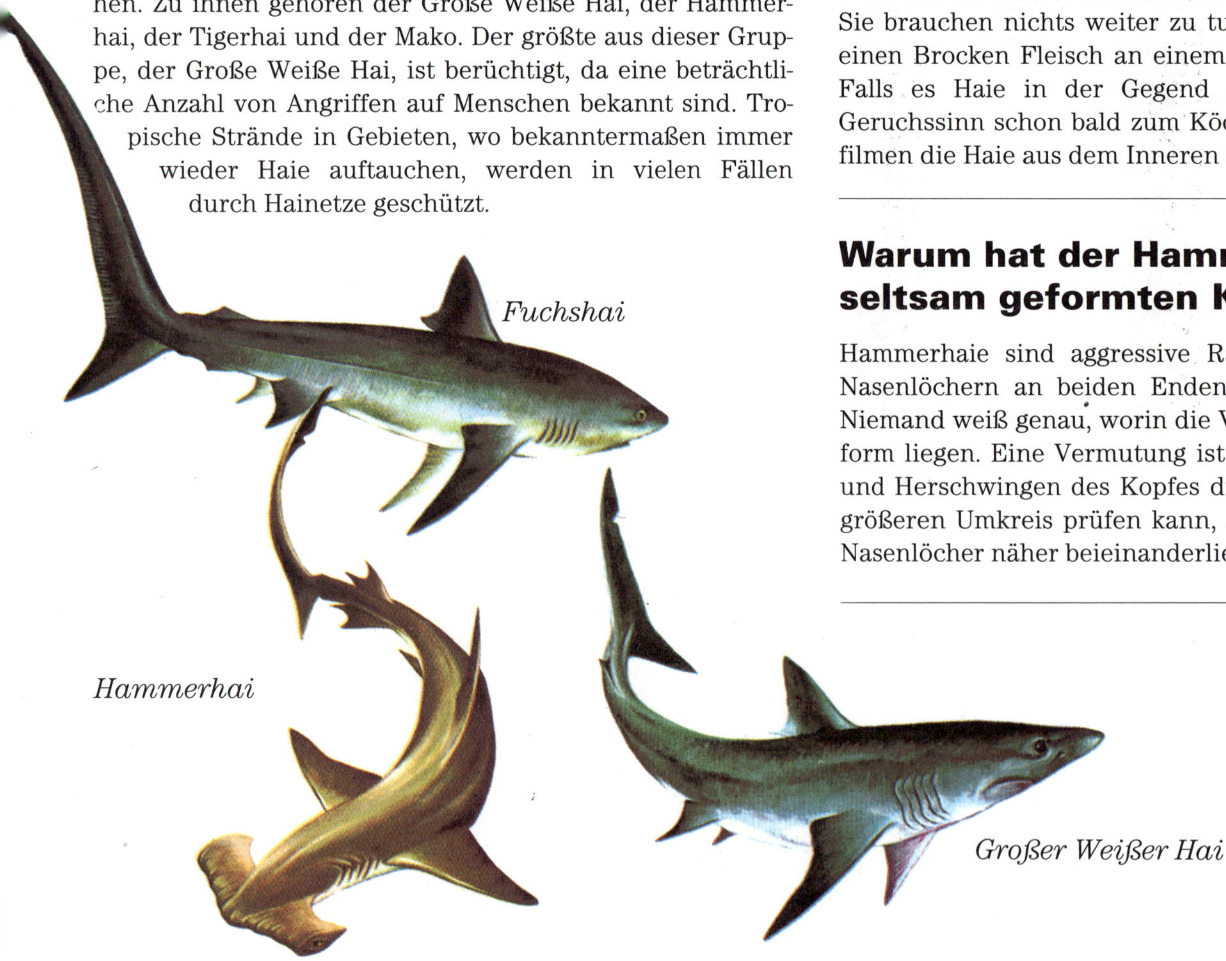

Wie kann man einen Hai anlocken?

Wissenschaftler, die freilebende Haie beobachten wollen, bedienen sich einer einfachen Methode, um sie anzulocken: Sie brauchen nichts weiter zu tun, als von ihrem Boot aus einen Brocken Fleisch an einem Seil ins Wasser zu lassen. Falls es Haie in der Gegend gibt, führt sie ihr feiner Geruchssinn schon bald zum Köder. Unterwasserfotografen filmen die Haie aus dem Inneren spezieller Käfige.

Warum hat der Hammerhai einen so seltsam geformten Kopf?

Hammerhaie sind aggressive Raubfische mit Augen und Nasenlöchern an beiden Enden ihres T-förmigen Kopfes. Niemand weiß genau, worin die Vorteile einer solchen Kopfform liegen. Eine Vermutung ist, daß so der Hai beim Hin- und Herschwingen des Kopfes die Gerüche aus einem weit größeren Umkreis prüfen kann, als wenn seine Augen und Nasenlöcher näher beieinanderliegen würden.

Wie viele „Garnituren" Zähne hat ein Hai?

Ein Hai kann bis zu fünf Zahngarnituren haben, die in Reihen hintereinander angeordnet sind. Wenn die vorderen Zähne am Außenrand des Gebisses ausfallen oder verschlissen sind, rücken die Zähne aus der zweiten Reihe nach. Dieser Prozeß der Zahnerneuerung hält während des gesamten Hailebens an. Da die Zähne mit dem Hai mitwachsen, sind die nachrückenden Zähne zumeist größer als die, die sie ersetzen. Die Zähne sehen nicht bei allen Haien gleich aus; deshalb kann man die einzelnen Arten an der Form ihrer Zähne unterscheiden. So sind die Zähne des Großen Weißen Hais dreieckig, mit einer sägeförmig gezackten Kante, während die Zähne des Sandhais eher die Form eines Dolches haben.

Warum nennt man den Riesenmanta auch Teufelsrochen?

Man braucht sich diesen Fisch nur anzusehen, um zu wissen warum! Mit seinen weit ausladenden „Flügeln" (in Wirklichkeit riesige Brustflossen), die eine Spannweite von bis zu sechs Metern erreichen können, gleitet er wie ein gespenstischer Vogel mühelos durch das Wasser. Seeleute hielten diesen unheimlich aussehenden Fisch für einen Unglücksboten, und Perlentaucher fürchteten, von den Flügeln des Rochen zerschmettert zu werden. Sie machten sich zu Unrecht Sorgen, da Riesenmantas für den Menschen ungefährlich sind.

Der Riesenmanta kann einen Durchmesser von bis zu sechs Metern haben, ist aber für den Menschen ungefährlich. Er ist ein Filterfresser und ernährt sich von winzigem Plankton.

Wie setzt der Fuchshai seinen Schwanz zum Fangen einer Beute ein?

Der Schwanz eines Fuchshais ist genauso lang wie der Rest seines Körpers und dient dem Hai als Peitsche, mit der er schwärmende Fische zu einer dichten Masse zusammentreibt, bevor er sich über sie hermacht.

Was kann man tun, wenn man im Wasser ist und sich ein Hai nähert?

Die Ruhe bewahren! Wenn man keine Möglichkeit hat, unverzüglich das Wasser zu verlassen, sollte man unbedingt vermeiden, verängstigt zu erscheinen. Man sollte mit irgendeinem Gegenstand, der gerade zur Hand ist, auf den Hai einschlagen und so viel Lärm wie möglich machen. Die Überlebenschancen sind größer, wenn man dem Hai mit einem eigenen Schlag zuvorkommt.

Warum sind Haie so gräulich gefärbt?

Anders als Knochenfische, die in Farbe sehen können, nimmt ein Hai seine Umwelt in verschiedenen Grauabstufungen wahr. Das hängt damit zusammen, daß so gut wie allen Haiarten Zäpfchenzellen (Farbrezeptoren) in den Augen fehlen. Da sie keine Farben sehen können, besteht für sie auch keine Veranlassung, einen farbigen Körper zu haben.

Wie atmen Rochen?

Rochen sind platte, am Meeresgrund lebende Haie, deren Nahrung aus Weichtieren und Krustentieren besteht, die sie am Meeresboden ausgraben. Da sich ihr Maul an der Körperunterseite befindet, wären ihre Kiemen bald durch Schlamm und Sand verstopft, wenn sie auf diesem Weg das Wasser zum Atmen aufnehmen würden. Aus diesem Grund besitzen die Rochen ein Atemloch hinter jedem Auge an der Körperoberseite, durch die sie Wasser aufnehmen und wieder ausstoßen.

Süßwasserfische

Warum springen Lachse Wasserfälle hinauf?

Lachse sind dafür bekannt, daß sie auf dem Weg flußaufwärts zu ihren Laichgründen bis zu drei Meter hoch springen können. Der Lachs ist ein bemerkenswerter Fisch. Nachdem der erwachsene Lachs mehrere Jahre im Meer mit Fressen und Wachsen zugebracht hat, kehrt er zu dem Fluß oder Strom, in dem er geboren wurde, zurück, um zu laichen. Nach dem Laichen sterben viele Lachse an den Anstrengungen der Reise.

Wie finden die Lachse den Weg zurück zu ihrem Geburtsort?

Niemand weiß genau, wie Lachse nach Hause zurückfinden, obwohl es Hinweise darauf gibt, daß sich die Tiere dabei zum Teil von ihrem Geruchssinn leiten lassen. Möglicherweise hat sich ihnen der Geruch des Flusses, in dem sie geboren wurden, unauslöschlich eingeprägt. Man nimmt darüber hinaus an, daß die Lachse einen eingebauten Kompaß besitzen, den sie zusammen mit dem Sonnen- und Sternenstand benutzen, um quer über den Ozean nach Hause zurückzuschwimmen.

Hat das Vierauge wirklich vier Augen?

Das in Mittelamerika beheimatete Vierauge hat zwar nur zwei Augen, da diese jedoch deutlich vom Kopf abstehen und in jeweils zwei Hälften unterteilt sind, funktionieren sie wirklich wie vier Augen. Die beiden unteren Hälften dienen dem Tier zum Sehen unter Wasser und die beiden oberen zum Sehen über Wasser. Wenn das Tier an der Wasseroberfläche entlangschwimmt, kann es gleichzeitig über und unter Wasser nach Beute Ausschau halten.

Der Schlammspringer kann Luft atmen.

Lachse überspringen einen Wasserfall auf dem Weg zu ihren flußaufwärts gelegenen Laichplätzen.

Von welchem Fisch kann man einen elektrischen Schlag bekommen?

Der Zitteraal ist eines der wenigen Tiere auf der Erde, das seine Beute mit einem Stromstoß – der bis zu 500 Volt stark sein kann – tötet. Zitteraale leben in den schwarzen, sauerstoffarmen Flüssen des Amazonasbeckens und verlassen sich bei der Orientierung nicht auf ihre Augen, sondern auf Elektrizität. Sie senden schwache Stromimpule aus, die von Objekten im Wasser zurückgeworfen werden und ihnen dadurch ein „elektrisches Bild" ihrer Umgebung vermitteln.

Welcher Fisch kann Luft atmen?

Da in warmem, abgestandenem Wasser sehr wenig Sauerstoff gelöst ist, haben manche Fische eine Art von Lunge entwickelt, um unter diesen Bedingungen überleben zu können. Der Afrikanische Lungenfisch besitzt unterentwickelte Kiemen und schnappt deshalb regelmäßig an der Wasseroberfläche nach Luft, die er durch eine Öffnung in seinem Schlund in ein Paar einfacher Lungen „schluckt". Die Wände dieser Lungen, die sich aus der Schwimmblase entwickelt haben, sind dicht mit Blutgefäßen überzogen, die den Sauerstoff aufnehmen. Auf diese Weise kann der Lungenfisch auch unter schwierigen Bedingungen überleben.

Wie wild sind Piranhas?

Die Wildheit der Piranhas ist geradezu sprichwörtlich. Ihre rasiermesserscharfen Gebisse werden von gewaltigen Muskeln betätigt und sind mit großen, spitzen, dreieckigen Zähnen gesäumt. Mit diesen furchteinflößenden Gebissen können die Fische mit der Präzision eines Rasiermessers Fleischstücke herausreißen. Anders als die meisten Raubfische jagen Piranhas in Schwärmen. Man vermutet, daß ihr aggressives Verhalten mit der Brutzeit zusammenhängt, während der die Männchen die Eier bewachen. Man findet Piranhas in den Strömen und Flüssen Südamerikas. Sie werden von auffälligen Bewegungen und von Blutspuren im Wasser angelockt. Ein zuverlässiger Bericht besagt, daß ein 45 Kilogramm schweres Nagetier, wie etwa ein Aguti, innerhalb von weniger als einer Minute bis auf die Knochen abgenagt wurde.

Die Zähne des wilden Piranhas.

Welcher Fisch trägt den Namen eines Schwergewichtboxers?

Der einst als Aquariumfisch beliebte Jack Dempsey ist so aggressiv, daß man ihn nach dem amerikanischen Boxer benannt hat, der von 1919 bis 1926 Schwergewichtsweltmeister war. Diese farbenfrohen Fische werden ziemlich groß und können in der Gefangenschaft leicht gezüchtet werden.

Welcher Fisch ist ein Meisterschütze?

Der Schützenfisch besitzt die ungewöhnliche Fähigkeit, Insekten und andere Kleintiere abzuschießen, die sich auf Uferpflanzen niedergelassen haben. Der Fisch spritzt zu diesem Zweck Wassertropfen aus seinem Mund, ähnlich den Schrotkugeln aus einem Luftgewehr. Diese Kugeln treffen ahnungslose Insekten und stoßen sie von ihrem Rastplatz ins Wasser. Erwachsene Schützenfische können Insekten sogar noch aus einer Entfernung von 1,5 Metern treffen.

Ein Hecht frißt einen anderen Fisch.

Warum hat der Hecht einen so schlechten Ruf?

Der Hecht ist ein bekannter Raubfisch in stehenden Gewässern und träge dahinfließenden Flüssen, obwohl viele Behauptungen hinsichtlich seiner Größe und Wildheit stark übertrieben sind. Die mit langen, hakenförmigen Zähnen ausgerüsteten Hechte liegen zwischen Wasserpflanzen auf der Lauer und warten nur auf den richtigen Augenblick, um blitzartig hervorzuschießen und sich jeden vorbeikommenden Fisch zu greifen. Sogar kleine Vögel und Säugetiere stehen manchmal auf ihrer Speisekarte. Große Exemplare können bis zu 23 Kilogramm wiegen.

Warum bespritzt der Spritzsalmler Blätter mit Wasser?

Dieser südamerikanische Fisch legt seine Eier außerhalb des Wassers ab, um sie dem Zugriff von Raubfischen zu entziehen. Das Weibchen springt aus dem Wasser und klammert sich gerade lange genug an einem Blatt fest, um darauf einige Eier ablegen zu können. Dann springt das Männchen ebenfalls auf das Blatt und befruchtet die Eier. Das Männchen hält sich danach noch für etwa drei Tage bei den Eiern auf, um sie so lange feucht zu halten, bis die Jungfische schlüpfen und ins Wasser fallen.

Welcher Fisch baut sein Nest aus Luftblasen?

Das Männchen des Siamesischen Kampffisches ist einer von vielen Fischen, die sich Nester aus klebrigen Blasen bauen. Wenn das Weibchen seine Eier ablegt, befruchtet das Männchen diese zunächst, sammelt sie dann ein und spuckt sie in das Nest. Daraufhin bewacht das Männchen das Nest und erneuert bei Bedarf die Blasen bis die Jungen schlüpfen.

Siamesische Kampffische

Wie baut der Stichling sein Nest?

Stichlinge legen Eier in ein vom Männchen gebautes Nest.

Das Stichlingsmännchen verwendet zum Nestbau kleine Stücke von Wasserpflanzen, die es mit einem klebrigen Sekret aus seinen Nieren verbindet. Sobald ein kleiner Haufen zusammen ist, bohrt der Fisch ein Tunnel mitten hindurch, womit das Nest fertig ist. Durch Zurschaustellen seines hellroten Bauches lockt das Männchen ein Weibchen zum Eierlegen in das Nest. Daraufhin bewacht das Männchen das Nest bis die Jungen schlüpfen. Die Stichlingmännchen lernen dieses Verhalten nicht, sondern erben es.

Kann der Kletterfisch wirklich auf Bäume klettern?

Obwohl man ihn selten auf Bäumen findet, ist diesem Fisch seit 1791, als ein Exemplar auf einer Palme entdeckt wurde, sein Name geblieben. Dieser große Fisch aus asiatischen Gewässern besitzt ein spezielles „Labyrinthorgan“, das ihn dazu befähigt, Luft zu atmen. Bemerkt der Kletterfisch, daß sein gegenwärtiger Lebensraum auszutrocknen droht, kann er sich aus dem Wasser hieven und über Land „robben“. Dabei benutzt er seine Brustflossen als Stelzen und stößt sich mittels kräftiger, windender Bewegungen seines Schwanzes vorwärts.

Welche Fische können fliegen?

Der in Südamerika beheimatete Gemeine Beilbauchfisch und die mit ihm verwandten Arten sind die einzigen Fische, von denen man weiß, daß sie mit den Flossen Flugbewegungen (im Unterschied zum Gleitflug) ausführen. Er benutzt dabei seine langen Brustflossen als Flügel, deren Schläge man deutlich hören kann, wenn der Fisch in der Luft ist. Der Beilbauchfisch fliegt jedoch nur selten weiter als zwei Meter (Flugsprünge) und nur dann, wenn er sich bedroht fühlt.

Der Marmorierte (oben) und der Gemeine Beilbauchfisch .

Welcher Fisch brütet seine Eier im Maul aus?

Viele afrikanische Buntbarsche, eine Familie von tropischen Süßwasserfischen, tragen ihre Eier im Maul mit sich herum, um sie vor Räubern zu schützen. Das Weibchen des Nilmaulbrüters behält beispielsweise ihre Eier bis zur Schlupfreife in ihrem Maul, und scheint dann spuckend zu gebären. Selbst nach dem Schlüpfen bleiben die Jungen noch nahe bei ihrer Mutter und flüchten in die Sicherheit ihres Mauls, wenn sie von Räubern bedroht werden.

Meeresfische

Warum nennt man den Quastenflosser ein lebendes Fossil?

Quastenflosser sind große, schwergewichtige Fische, von denen man angenommen hatte, daß sie seit 70 Millionen Jahren ausgestorben seien. Als 1938 vor der südafrikanischen Küste ein lebender Quastenflosser gefangen wurde, war das, als hätte jemand einen lebenden Dinosaurier entdeckt! Lebende Quastenflosser haben große Ähnlichkeit mit ihren durch Fossilienfunde bekannten Vorfahren. Ihre lappigen Flossen besitzen eine fleischige Basis, die an die Anfänge von Gliedmaßen erinnert, und sie gebären lebende, bereits voll ausgebildete Junge. Die Wissenschaftler glauben, daß einige der ersten an Land lebenden Wirbeltiere wie Quastenflosser ausgesehen haben.

Warum läßt sich der Schiffshalterfisch von einem Hai „per Anhalter" mitnehmen?

Der Schiffshalter ist ein Fisch, der es haßt, allein zu sein, und sich deshalb an einem Hai oder einem anderen passenden großen Fisch festklammert. Er benutzt hierzu eine starre Scheibe oben an seinem Kopf, die ihm als Saugnapf dient. Als „Trittbrettfahrer" profitiert der Schiffshalter von den Nahrungsresten, die der Hai übrigläßt. Als Gegenleistung befreit er den Hai von Parasiten, die sich auf seiner Haut festgesetzt haben.

Welche Fische schwimmen auf der Seite?

Alle Plattfischarten schwimmen auf der Seite. Ihr abgeflachter Körper ist so „verdreht", daß eine Seite zum Rücken oder zur Oberseite und die andere zur „blinden" oder Unterseite geworden ist. Die Schädelknochen haben sich dieser Form ebenfalls angepaßt, die Augen liegen deshalb beide oben und bei manchen Arten hat sich sogar das Maul nach oben verschoben. Der Rücken eines Plattfisches ist zumeist stark gefärbt, während die blinde Seite blaß oder weiß bleibt. Plattfische leben in der Regel am Meeresboden und sind für gewöhnlich gut getarnt.

Der Quastenflosser, den man bis 1938 für ausgestorben hielt.

Fliegen Fliegende Fische wirklich?

Fliegende Fische fliegen nicht wirklich, sondern gleiten durch die Luft, wobei sie ihre vergrößerten Brustflossen als Flügel benutzen. Unmittelbar vor dem „Start" schwimmt ein Fliegender Fisch mit hoher Geschwindigkeit zur Oberfläche und wartet dann den Moment ab, in dem der Vorderteil seines Körpers aus dem Wasser ragt. Dann gibt er sich mit dem extra großen unteren Lappen seiner Schwanzflosse einen Stoß, breitet seine Flossen aus und hebt ab. Ein fliegender Fisch kann bis zu 90 Meter weit gleiten und sich dabei bis zu 1,5 Meter über die Wasseroberfläche erheben.

Welches ist der giftigste Fisch?

Der Steinfisch ist nicht nur der giftigste Fisch der Welt, sondern er sieht auch recht merkwürdig aus. Man findet ihn in den seichten tropischen Gewässern Südasiens und Nordaustraliens. Er ist jedoch aufgrund seiner rauhen, warzigen Haut und seiner gräulichen, gesprenkelten Färbung nur äußerst schwer zu erkennen. Seine riesigen Giftdrüsen befinden sich an der Unterseite seiner 13 Rückenflossenstachel; wer das Pech hat, auf einen dieser Stachel zu treten, empfängt eine tödliche Wunde.

Der giftige Steinfisch.

Das Seepferdchen ist zwar ein Fisch, aber ein schlechter Schwimmer.

Bei welcher Gruppe von Fischen besitzt das Männchen einen Beutel zum Eiertragen?

Bei den Seepferdchen und bei einigen Seenadelarten. Das Seepferdweibchen besitzt ein langes Eilegeorgan, mit dem es die Eier in den Beutel des Männchens legt. Die winzigen jungen Seepferdchen verlassen den Beutel etwa fünf Wochen nach dem Ablegen der Eier. Das Seepferdmännchen kann sich pro Jahr um bis zu drei Bruten kümmern, wobei jeweils bis zu 50 Eier abgelegt werden.

Warum ist der Blaufisch so gierig?

Der Blaufisch ist ein besonders gefräßiger Räuber und so gierig, daß er sogar mehr Beutetiere tötet als er eigentlich fressen kann. Während des Sommers treiben die Blaufische ganze Schwärme von Menhaden in seichte Buchten, bevor sie in einer an Raserei grenzenden Freßorgie über sie herfallen. Nach kurzer Zeit färbt sich das Wasser blutrot und ist mit toten und sterbenden Fischen übersät.

Wie reagiert der Igelfisch bei Gefahr?

Normalerweise trägt ein Igelfisch seine langen scharfen Stacheln beim Schwimmen am Körper anliegend. Beim ersten Anzeichen von Gefahr bläst er jedoch seinen Körper durch das Schlucken von Wasser auf, wodurch seine Stacheln vom Körper abstehen. Dadurch sieht er wie ein riesiges Nadelkissen aus.

Was ist so ungewöhnlich am Gotteslachs?

Der Gotteslachs hebt sich deutlich von allen anderen Fischarten ab, denn er kann riesengroß werden; man hat sogar schon Exemplare von 4 Metern Länge gefangen. Von der Seite betrachtet, scheint er fast rund zu sein und nur aus einem massiven Kopf und einer seltsam gekräuselten Schwanzflosse zu bestehen. Sein Maul ist für einen Fisch dieser Größe auffallend klein, und seine Hauptnahrung bilden Quallen. Der Gotteslachs legt riesige Mengen von Eiern; beim Aufschneiden eines Weibchens hat man einmal 300 Millionen Eier gefunden!

Ist der Kugelfisch eßbar?

Ja, man kann, aber nur, wenn man ihn von einem speziell dafür ausgebildeten Koch zubereiten läßt, da seine inneren Organe ein tödliches Gift enthalten. In Japan betrachtet man sein Fleisch als eine große Delikatesse, aber wenn es von einem der giftigen Organe des Fisches verunreinigt wird, ist die Gefahr daran zu sterben sehr groß.

Warum ist das Fleisch eines Thunfisches dunkel und das eines Plattfisches weiß?

Thunfische sind kräftige Schwimmer, deren Muskeln mit vielen Blutgefäßen durchsetzt sind, damit die Fische genügend Energie haben, um große Entfernungen zurücklegen zu können. Die langsam schwimmenden Plattfische brauchen dagegen keine solch gute Blutversorgung, und deshalb ist ihr Fleisch blasser.

Welche Fische werden von Hochseefischern gefangen?

Früher wurden vor allem solche Meeresfische gefangen, die in großen Schwärmen auftreten, wie Heringe, Kabeljau, Sardinen und Thunfische. Bei diesen gewaltigen Schwärmen können die Fischer eine Vielzahl von Fischen gleichzeitig fangen. Die anderen Fischarten wie Schollen, Steinbutt, Seezungen und Heilbutt fängt man, indem man ein Netz am Meeresboden entlangschleppt. Die modernen Fischereiboote bedienen sich neuer Methoden, wie zum Beispiel der Wandnetze, die eine „Todeswand" formen, in der sich jeder vorbeischwimmende Fisch verfängt. Andere Boote sind mit Lichtern ausgestattet, um Fische anzulocken, die dann mit einer staubsaugerähnlichen Vorrichtung aus dem Meer gesaugt werden. Mit Hilfe dieser neuen Methoden fängt man zwar viele verschiedene Fische, da sie aber nicht alle eßbar sind, werden sie sinnlos getötet.

Tiefseefische

Wie lebt ein Tiefseefisch?

Die Welt der Tiefseefische ist dunkel und kalt. Da in Tiefen unter 750 Metern kein Sonnenlicht mehr vordringen kann, können auch keine Pflanzen mehr wachsen. Es gibt wenig Nahrung, und so müssen sich Tiefseefische von anderen Tieren ernähren. Zur Bewältigung dieser schwierigen Bedingungen haben Tiefseefische spezielle Mechanismen entwickelt, die ihnen ein seltsames und mitunter furchteinflößendes Aussehen verleihen. Die meisten besitzen riesige, weit aufgerissene Mäuler, mit rasiermesserscharfen Zähnen, und manche haben lichterzeugende Organe entwickelt, mit deren Hilfe sie Geschlechtspartner und Beute anlocken.

Wie kommt der Tiefsee-Anglerfisch zu seinem Namen?

Weil er fischen geht! Dieser in der totalen Dunkelheit, in Meerestiefen bis zu 4 000 Metern lebende, furchteinflößend aussehende Fisch, ist sowohl mit einer Angelrute als auch mit einem leuchtenden Köder ausgestattet. Die „Angelrute“ an seiner Nase hat eine Schwellung an ihrer Spitze, die in der Dunkelheit hell leuchtet und dadurch potentielle Beutetiere anlockt. Sobald das Opfer nahe genug herangekommen ist, reißt der Anglerfisch sein schreckliches Maul auf und verschlingt die Beute.

Wie schafft es der Pelikanaal, große Beutetiere zu schlucken?

Das Geheimnis liegt in seinem riesigen Kiefer und seinem elastischen Magen. Dieses schwarze, aalähnliche Lebewesen stopft sich alle Arten von Beute in sein Maul und würgt sie dann in seinen dehnbaren Magen hinunter. Nach einem schweren Mahl kann der Körper eines Pelikanaals derart verformt sein, daß er sich auf dem Meeresboden ausruhen muß, bis er seine große Mahlzeit verdaut hat.

Wie erkennen sich Laternenfische in der Dunkelheit?

Es gibt mehr als 200 Arten von Tiefsee-Laternenfischen, und sie alle besitzen zahlreiche lichtproduzierende Organe an ihrem Körper. Die Anordnung dieser Leuchtorgane ist nicht nur von Art zu Art unterschiedlich, sondern auch zwischen den Geschlechtern, so daß sich Männchen und Weibchen in der Dunkelheit gegenseitig unterscheiden können.

Welches Fischmännchen wird zum Parasiten des Weibchens?

Das Männchen des Tiefsee-Anglerfisches ist im Vergleich zum Weibchen winzig. Sein einziger Lebenszweck besteht darin, sich ein Weibchen zu suchen und sich dann an ihm festzuklammern. Das Männchen bohrt sich in das Fleisch des Weibchens, so daß ihre Körper verschmelzen und das Männchen seine Nahrung aus dem Kreislauf des Weibchens erhält. Indem das Weibchen dem Männchen erlaubt, zu einem gutartigen Parasiten zu werden, erhält das Weibchen im Gegenzug die Garantie für die Befruchtung ihrer Eier.

Zwei fremdartige Fischarten, die die Meerestiefen bewohnen: der Pelikanaal (unten) und der Tiefsee-Anglerfisch (ganz unten).

REPTILIEN und AMPHIBIEN

Was ist eine Amphibie?

Man könnte eine Amphibie als die Zwischenstufe zwischen einem Reptil und einem Fisch bezeichnen. Die meisten Amphibien verbringen ihre erste Lebenshälfte im Wasser und leben als Erwachsene an Land. Sie besitzen eine weiche, feuchte Haut und legen ihre Eier im Wasser oder an sehr feuchten Plätzen ab. Amphibien leben in Sümpfen und Marschen, können jedoch im Meer nicht überleben.

Worin unterscheiden sich Reptilien von Amphibien?

Anders als Amphibien haben Reptilien das Problem des Wasserverlustes ihres Körpers dadurch gelöst, daß sie eine trockene, schuppige, wasserdichte Haut entwickelt haben. Ihre Eier sind vor dem Austrocknen durch Sonne und Wind durch eine lederartige oder pergamentähnliche Schale geschützt. Aus diesem Grund können Reptilien ihre Eier auch auf dem trockenen Land ablegen. Diesem Umstand haben es die Reptilien zu verdanken, daß sie sich fast über die ganze Erde ausbreiten konnten. Zwar macht ihnen die Hitze in den Wüsten nichts aus, aber die niedrigen Temperaturen an den beiden Polen können sie nicht überleben.

Wie viele Amphibienarten gibt es?

Verglichen mit den Fischen, Reptilien, Vögeln und Säugetieren ist die Gesamtzahl der lebenden Amphibienarten ziemlich gering. Die circa 2300 Arten, die man kennt, kann man in drei Gruppen einteilen: Frösche und Kröten (Amphibien ohne Schwanz); Molche und Salamander (Amphibien mit Schwanz); und Blindwühlen (in Höhlen lebende, gliederlose Amphibien, die nur in den Tropen vorkommen).

Wie viele Reptilienarten gibt es?

Die 6000 heute lebenden Reptilienarten sind die Überlebenden eines Zeitalters, in dem das Leben auf unserem Planeten von Reptilien beherrscht wurde. Von den ehemals 16 oder 17 verschiedenen Gruppen sind nur noch vier übriggeblieben: Land- und Wasserschildkröten; Krokodile und Alligatoren; Schlangen und Eidechsen; und ein Reptil, für das man eine eigene Gruppe geschaffen hat, nämlich das Tuatara.

Wie atmen Amphibien?

Amphibien atmen auf verschiedene Weisen. Während ihres Larven- oder Kaulquappenstadiums atmen die meisten Amphibien durch ihre Kiemen, an deren Stelle später beim Heranreifen zum Erwachsenen, Lungen treten. Erwachsene Amphibien atmen sowohl durch ihre Lungen als auch durch ihre Haut, da ihre Lungen ziemlich einfach und schwach sind. Einige Amphibienarten verbringen ihr ganzes Leben im Wasser und behalten die Kiemen aus ihrem Larvenstadium. Eine Gruppe von Salamandern, die sogenannten Lungenlosen Salamander, besitzen überhaupt keine Lungen und atmen nur durch die Haut.

Ein Axolotl

Wie alt werden Reptilien?

Die meisten Reptilien werden weniger als 20 Jahre alt. Einige Krokodile können so alt werden wie Menschen und von der Riesenschildkröte heißt es, sie würde ein Alter von bis zu 200 Jahren erreichen.

Haben kaltblütige Tiere wirklich kaltes Blut?

Viele Kaltblüter können Körpertemperaturen erreichen, die annähernd denen von Säugetieren entsprechen. Manche Eidechsen können sogar Körpertemperaturen aufrechterhalten, die um einige Grade höher sind. Der Ausdruck „wechselwarm" läßt sich auf alle Tiere anwenden, die zum Aufwärmen ihres Körpers auf ihre äußere Umgebung angewiesen sind. Reptilien und Amphibien sind wechselwarm und somit unfähig, ihre eigene Körperwärme zu erzeugen und zu regulieren.

Ist es von Vorteil, ein Kaltblüter zu sein?

Der Hauptvorteil kaltblütiger oder wechselwarmer Tiere besteht darin, daß sie über lange Zeiträume hinweg ohne Nahrung auskommen können. Von einigen großen Schlangen weiß man beispielsweise, daß sie es ein ganzes Jahr lang ohne Fressen aushalten können, ohne dadurch Schaden zu nehmen. Der Grund dafür liegt darin, daß diese Tiere viel weniger Energie brauchen, als Vögel und Säugetiere. Wenn die Lebensbedingungen sich verschlechtern, schränken wechselwarme Tiere ihre Aktivitäten weitgehend ein, ihre Körpertemperatur fällt, ihr Herzschlag verlangsamt sich und sie machen lange Pausen zwischen den Atemzügen.

Babyschildkröten schlüpfen aus ihren Eiern.

Warum sind Reptilieneier selten farbig?

Im Unterschied zu Vogeleiern, die zum Zweck der Identifizierung und Tarnung verschiedene Muster und Farben haben, sind alle Reptilieneier weiß. Da die meisten Reptilien ihre Eier vergraben, besteht keine Notwendigkeit für eine Färbung.

Was ist ein Tuatara?

Obwohl der Tuatara wie eine große Eidechse aussieht, ist er in Wirklichkeit ein einzigartiges Reptil. Er ist der einzige Überlebende einer weitverbreiteten Gruppe von Reptilien, die vor etwa 200 Millionen Jahren in Erscheinung traten und noch vor den Dinosauriern ihre Blütezeit hatten. Der Tuatara ist ein stämmiges, kräftig gebautes Tier mit einem großen Kopf und einem primitiven Rückgrat, das sich schwerfällig bewegt. Er kommt nur noch auf einigen wenigen entlegenen Inseln vor der Küste Neuseelands vor, wo seine Existenz nicht von Ratten bedroht ist.

Tuatara

Frösche und Kröten

Wie unterscheiden sich Frösche von Kröten?

Bei der Unterscheidung von Fröschen und Kröten kann vielleicht folgende Faustregel helfen: Frösche sind feucht, schleimig und hüpfen; Kröten sind trocken, warzig und laufen. Diese Regel läßt sich allerdings nicht auf alle Frösche und Kröten anwenden. In einigen Teilen der Welt gibt es trockene, warzige Frösche und feuchte, schleimige Kröten.

Worin besteht der Unterschied zwischen dem Laich eines Frosches und dem einer Kröte?

Frösche legen ihre Eier in einer schützenden, trüben Gallertmasse ab, während der Laich einer Kröte lang und strangartig und zumeist um Wasserpflanzen gewunden ist. Das Gallert, in das die Eier beider Tiere eingehüllt sind, schützt sie vor Raubtieren. Es wirkt dabei gleichzeitig wie ein Treibhaus, das die Sonnenwärme einfängt und so die Entwicklung der Eier beschleunigt.

Wie kommt die Geburtshelferkröte zu ihrem Namen?

Die Europäische Geburtshelferkröte verdankt ihren Namen den ungewöhnlichen Brutgepflogenheiten seines Männchens. Dieses windet sich Stränge von befruchteten Eiern um seine Hinterbeine und trägt sie die ganze Zeit mit sich herum, wobei er sie immer wieder anfeuchtet. Wenn die Zeit zum Schlüpfen gekommen ist, kehrt das Männchen zum Wasser zurück, wo die Kaulquappen schlüpfen und dann wegschwimmen.

Wovon ernähren sich Frösche und Kröten?

Alle Frösche und Kröten sind während ihres Erwachsenenstadiums Fleischfresser und ernähren sich in der Regel nur von lebender Beute. Ihre Ernährung besteht gewöhnlich aus Insekten, Spinnen, Schnecken und Würmern, obwohl einige größere Frösche, insbesondere die Hornfrösche und die Ochsenfrösche, auch kleine Säugetiere und andere Amphibien fressen können. Die Mehrzahl der Frösche und Kröten haben lange, klebrige Zungen, die sie blitzartig hervorschnellen lassen können, um ihre ahnungslose Beute zu fangen.

Wie wird aus einer Kaulquappe ein Frosch?

Beim Schlüpfen haben Kaulquappen nur wenig Ähnlichkeit mit ihren Eltern. Diese winzigen, schwarzen Lebewesen atmen durch Kiemen, schwimmen mit Hilfe von fischähnlichen Schwänzen und ernähren sich streng vegetarisch. Nach acht Wochen haben sich ihre Hinterbeine ausgebildet, denen wenig später die Vorderbeine folgen. Nach 12 Wochen bilden sich die Schwänze zurück, anstelle der Kiemen entwickeln sich Lungen und die Köpfe sehen schon sehr froschähnlich aus. Schließlich kriecht der winzige Frosch an Land, obwohl es dann immer noch drei Jahre dauert, bis aus ihm ein erwachsener Frosch geworden ist.

Welcher Frosch wird immer kleiner, je älter er wird?

Der südamerikanische Paradoxfrosch ist höchst bemerkenswert, denn er beginnt sein Leben als riesige Kaulquappe – die manchmal die dreifache Größe eines erwachsenen Frosches hat – die dann beim Heranreifen immer kleiner wird. Dabei scheinen selbst sein Herz und sein Darm mitzuschrumpfen. Niemand weiß bisher, welche Vorteile der Frosch dadurch hat.

Welche Frösche schlüpfen im Maul ihres Vaters?

Eine der seltsamsten Brutpflegemethoden wird vom Männchen des Darwinfrosches praktiziert, der im südlichen Chile vorkommt. Jedes Weibchen legt an einem feuchten Platz zwischen 20 und 40 Eier ab, die dann von mehreren Männchen bis zu 20 Tage lang bewacht werden, bis es in den Eiern zu zappeln beginnt. Jedes Männchen nimmt dann 10 bis 15 Eier in sein Maul und läßt sie in seine geräumigen Schallblasen gleiten, wo sie sich entwickeln. Im Maul des Vaters durchlaufen die Eier ein kurzes Kaulquappenstadium, bevor sie sich in winzige Fösche verwandeln.

Welcher Frosch ertrinkt, wenn man ihn ins Wasser wirft?

Im Gegensatz zu den meisten anderen Fröschen legt der südafrikanische Regenfrosch seine Eier nicht im Wasser ab. Dieser fette Frosch, der den Großteil seines Lebens unter der Erde in trockenen Savannengebieten zubringt, kommt nur an die Oberfläche, wenn es regnet. Er kann weder hüpfen noch schwimmen: wirft man ihn ins Wasser, ertrinkt er, es sei denn, er bläst seinen Körper auf und läßt sich an Land treiben.

Können Frösche auf Bäume klettern?

Überraschend viele Froscharten (etwa 500) bringen ihr Leben in Baumwipfeln zu. Sie sind in der Regel klein, schmächtig und leuchtend gefärbt und mit speziellen Saugnäpfen an ihren Zehenspitzen ausgestattet. Diese ermöglichen es ihnen, auf Bäume zu klettern und sich an Ästen und Blättern festzuhalten. Diese, oft als Miniaturakrobaten bezeichneten, lebhaften und anmutigen Tierchen kommen hauptsächlich in den Tropen vor, obwohl sich einige wenige Arten, wie etwa der Europäische Baumfrosch, auch an kühleres Klima angepaßt haben.

Wie verteidigt sich die Gemeine Kröte gegen Schlangen?

Wenn die Kröte keine Möglichkeit hat, vor der Schlange zu fliehen, versucht sie es mit einem Bluff. Sie stellt sich auf die Zehenspitzen, streckt ihre Beine, bläst sich auf und stellt sich der Schlange in Drohgebärde entgegen. Wenn die Kröte Glück hat, läßt sich die Schlange von dem offensichtlichen Größenzuwachs des Krötenkörpers einschüchtern und zieht ihrer Wege.

Warum sind einige südamerikanische Baumfrösche so bunt?

Südamerikanische Baumfrösche sind gewöhnlich deshalb so auffallend gefärbt, um Raubtiere vor ihrer extremen Giftigkeit zu warnen. Bei allen Amphibien ist die Haut mit Schleimdrüsen ausgestattet, die sie feucht halten. Bei einigen Froscharten erzeugen diese Drüsen jedoch auch ein Gift, das so tödlich ist, daß es einen Vogel oder Affen auf der Stelle lähmen kann. Südamerikanische Indianer benutzen deshalb Sekrete von Goldenen Pfeilgift-Fröschen, um die Spitzen ihrer Jagdpfeile damit zu bestreichen.

Wie kümmert sich die Surinamische Wabenkröte um ihre Jungen?

Die Surinamische Wabenkröte legt ein bemerkenswertes Maß an elterlicher Fürsorge an den Tag. Während der Paarung beginnt die Haut am Rücken des Weibchens anzuschwellen und das Männchen stößt die befruchteten Eier auf den Rücken des Weibchens. Dort kleben die Eier fest und werden in das schwammige Gewebe eingebettet. Jedes Ei entwickelt sich dann in einer eigenen Kammer, aus der nach drei Monaten die Jungfrösche schlüpfen.

Wozu dienen die Haare eines Haarfrosches?

Die Haare des in Westafrika beheimateten Haarfrosches sind keine Haare, sondern Hautfäden, die sich während der Brutzeit am Männchen ausbilden. Diese Fäden wirken wie ein zusätzliches Kiemenpaar, indem sie die Fläche vergrößern, über die Sauerstoff und Kohlendioxid ausgetauscht werden können.

Wie fliegen Fliegende Frösche?

Fliegende Frösche fliegen nicht wirklich, sondern gleiten nur von einem Baum zum anderen. Der in Südostasien vorkommende Wallace Flugfrosch ist zum Beispiel ein hochspezialisierter Frosch, der Entfernungen von mehr als 15 Metern zwischen Bäumen im Gleitflug zurücklegen kann. Die zusätzlichen Hautlappen, die seine vorderen und hinteren Gliedmaßen umsäumen, und die vergrößerten Schwimmfüße verleihen diesem zartgliedrigen Frosch, wenn er durch die Luft gleitet, das Aussehen eines lebenden Fallschirms. .

Ein bunter Südamerikanischer Baumfrosch

Molche und Salamander

Was unterscheidet einen Molch von einem Salamander?

Sowohl Molche als auch Salamander besitzen lange zylindrische Körper, lange Schwänze und zwei Paar gleich entwickelter, obwohl mitunter schwacher Beine. Salamander sind in der Regel größer und halten sich weniger im Wasser auf als Molche. Salamander werden häufig mit Eidechsen verwechselt, obwohl ihr runder Kopf und ihre weiche Haut (im Gegensatz zum spitzen Kopf und zur schuppigen Haut der Eidechsen) sichere Unterscheidungsmerkmale sind.

Wie kann man einen männlichen Molch von einem weiblichen unterscheiden?

Während der Fortpflanzungszeit legen die Molchmännchen ihren Putz an: Ihre Farben leuchten heller und ihnen wächst entlang des Rückens ein Hautkamm. Dieser Unterschied zwischen den Geschlechtern ist an Alpen-, Kamm- und Teichmolchen zu beobachten.

Warum dachte man früher, daß Salamander im Feuer geboren werden?

Feuersalamander sind leuchtendhell gefärbte Amphibien, die in oder unter feuchten Holzstücken leben. Wenn früher die Menschen diese Scheite ins Feuer warfen, krabbelten die Salamander heraus, um nicht zu verbrennen. Daher der Glaube, daß die Tiere im Feuer geboren worden seien. Die intensive Färbung soll andere Tiere davor warnen, daß der Feuersalamander giftig ist.

Welche Amphibie wird nie erwachsen?

Der mexikanische Axolotl wird oft als der Peter Pan der Amphibienwelt bezeichnet, da er sich selten bis zum Erwachsenenalter entwickelt. In Fällen, in denen er sein ganzes Leben im Wasser bleiben kann, schafft es der Axolotl, das Erwachsenenstadium zu umgehen, und pflanzt sich als Larve oder Kaulquappe fort. Wenn jedoch das Wasser, in dem er lebt, austrocknet, entwickelt sich der Axolotl zu einem mit Lungen ausgestatteten erwachsenen Tier.

Warum nennt man den Olm die „zweifelhafte Amphibie"?

Der Olm ist eine der seltsamsten Amphibien, die man kennt und die Wissenschaftler wußten lange nicht, ob sie ihn zu den Fischen oder zu den Amphibien zählen sollten. Diese blinden, blassen aalähnlichen Lebewesen mit kurzen, dünnen Beinen verbringen ihr gesamtes Leben im Wasser in unterirdischen Höhlen, und kommen über ihr Larvenstadium nicht hinaus. Ebenso wie der mexikanische Axolotl legen sie ihre fedrigen Kiemen nie ab.

Land- und Wasserschildkröten

Wo leben Land- und Wasserschildkröten?

Beide Schildkröten gehören zur selben Gruppe von Reptilien, nämlich zu den *Chelonien,* unterscheiden sich jedoch, wie ihre Namen schon andeuten, hinsichtlich ihres Lebensraums. Diejenigen Chelonien, die im Süßwasser leben, nennt man Dosen- oder Sumpfschildkröten.

Warum besitzt die Afrikanische Weichschildkröte einen weichen, abgeplatteten Panzer?

Die Afrikanische Weichschildkröte zieht sich bei Bedrohung nicht in ihren Panzer zurück, sondern flüchtet schnell in den nächsten Felsspalt und bläst dann ihren Körper auf, so daß man sie nur mit größter Mühe herausziehen kann.

Warum bewegen sich Schildkröten so langsam?

Schildkröten brauchen sich nicht schnell bewegen zu können, da sie ihren Panzer mit sich herumtragen! Beim ersten Anzeichen von Gefahr ziehen sie ihren Kopf und ihre Gliedmaßen in den Panzer zurück und kommen erst wieder heraus, wenn die Gefahr vorüber ist. Wegen ihrer Langsamkeit verbrauchen sie nur sehr wenig Energie.

Warum legt die Suppenschildkröte Hunderte von Kilometern zurück, um ihre Eier abzulegen?

Während der Brutzeit legen alle Suppenschildkröten Hunderte von Kilometern zurück, um ihre Eier an dem Strand abzulegen, an dem sie selbst geboren wurden. Die vor der Küste Brasiliens lebenden Schildkröten schwimmen beispielsweise mehr als 2000 Kilometer zu der einsamen Insel Ascension inmitten des Atlantischen Ozeans, um dort ihre Eier zu legen. Das hängt damit zusammen, daß Südamerika vor langer Zeit mit Afrika zusammenhing, und dann beim Auseinanderdriften der Kontinente die Kluft zwischen der Insel Ascension und der Küste Brasiliens immer größer wurde. Die Schildkröten machen jedoch die Reise nach Ascension und zurück bis zum heutigen Tag.

Wie kommt die Dosenschildkröte zu ihrem Namen?

Die Panzer von Schildkröten bestehen aus zwei Teilen: einem oberen, gewölbten Teil (dem Rückenpanzer) und einem unteren Teil (dem Bauchpanzer). Bei der Amerikanischen Dosenschildkröte ist der Bauchpanzer mit Scharnieren versehen, so daß sich das Tier bei Gefahr völlig in eine „Dose" einschließen kann.

Woher kommt das Schildpatt?

Schildpatt wird oft als eine dekorative Einlage in Möbelstücken und bei der Schmuckherstellung verwendet. Es stammt von der Echten Karettschildkröte, die in warmen tropischen Gewässern beheimatet ist. Die Knochenschale der Karettschildkröte ist mit harten, einander überlappenden Schuppen bedeckt, aus denen das Schildpatt hergestellt wird.

Wie fängt die Geierschildkröte ihre Beute?

Die nordamerikanische Geierschildkröte ist die größte von allen Süßwasserschildkröten (sie kann eine Länge von bis zu 90 Zentimetern erreichen). Sie liegt mit geöffnetem Maul am Grund schlammiger, langsam fließender Flüsse auf der Lauer. An der Innenseite ihres Unterkiefers befindet sich eine seltsame, wurmähnliche Zunge, die sich wie ein echter Wurm hin- und herschlängelt. Von diesem Köder werden ahnungslose Fische und selbst kleine Enten angelockt und dann vom kräftigen, hakenförmigen Maul der Schildkröte gepackt und verschlungen.

Krokodile und Alligatoren

Worin besteht der Unterschied zwischen einem Krokodil und einem Alligator?

Man kann Krokodile und Alligatoren leicht verwechseln, da beide einen panzerbewehrten Körper und ein langes, kräftiges Maul besitzen. Der deutlichste Unterschied zwischen beiden ist die Form ihres Kopfes. Krokodile haben schmälere, spitzere Schnauzen und ihre unteren vier Zähne stehen bei geschlossenem Maul hervor. Die Schnauzen der Alligatoren sind dagegen breiter und runder.

Krokodil

Welches Krokodil ist das gefährlichste?

Das Leistenkrokodil ist von allen Krokodilen das größte und gefährlichste und greift sogar Menschen an. Es lebt hauptsächlich in Küstenregionen, Flußmündungen und Sümpfen und ist in der Lage, weit ins Meer hinauszuschwimmen.

Weinen Krokodile?

Krokodile weinen nicht, weil sie unglücklich sind, sondern weil sie aus ihrem Körper Salz entfernen müssen. Krokodile, die viel salzhaltige Nahrung zu sich nehmen, wie etwa das Leistenkrokodil, besitzen zu diesem Zweck spezielle, salzabsondernde Drüsen neben ihren Augen.

Warum sind Nilkrokodile gute Eltern?

Die meisten Reptilien kümmern sich nach dem Legen nicht mehr um ihre Eier, nicht so die Krokodile und Alligatoren. Bei den Nilkrokodilen bewachen beide Eltern die Eier 90 Tage lang, bis die Jungen zum Schlüpfen bereit sind. Wenn der Augenblick gekommen ist, gräbt die Mutter die Eier aus und beide Eltern nehmen die frischgeschlüpften Jungen sanft in ihre Mäuler. Dann bringen sie die Jungen zu einer speziellen „Kinderstube“ im Sumpf, wo sich die Eltern weitere drei bis sechs Monate lang um ihren Nachwuchs kümmern, bis dieser für sich selber sorgen kann.

Krokodilkopf (oben)
Alligatorkopf (unten)

Welches Krokodil hat einen Kopf, der wie eine Bratpfanne aussieht?

Die lange, schmale Schnauze des Indischen Gavials steht aus seinem runden, abgeplatteten Kopf hervor ähnlich wie der Griff einer Bratpfanne. Während der Fortpflanzungszeit entwickelt sich an der Nasenspitze des Männchens eine Schwellung, durch die sich Weibchen angezogen fühlen. Die lange Schnauze ist besonders vorteilhaft zum Fangen von Fischen.

Der Indische Gavial

Schlangen und Eidechsen

Sind alle Schlangen giftig?

Von den rund 2700 Schlangenarten, die es gibt, sind etwa ein Drittel giftig. Das Schlangengift ist in speziellen Giftdrüsen im Kopf der Schlange gespeichert. Diese Giftdrüsen sind mit hohlen oder gerillten Giftzähnen verbunden, so daß immer dann, wenn sich die Giftzähne in die Haut eines Opfers bohren, durch sie das Gift in den Körper des Opfers spritzt.

Was ist ein Eizahn?

Ein Eizahn ist ein großer, scharfer Zahn, mit dessen Hilfe sich die Schlangen- und Eidechsenbabies aus der zähen, lederartigen Eischale befreien. Dieser Zahn entwickelt sich an der Nasenspitze und fällt ab, sobald die Schlange oder Eidechse aus dem Ei geschlüpft ist.

Können Schlangen hören?

Schlangen haben keine Ohren, können also auch nicht hören wie wir. Sie besitzen jedoch innere Ohren, mit deren Hilfe sie Bodenvibrationen spüren können. Dadurch sind sie in der Lage, näherkommende Schritte schon von weitem zu fühlen.

Wie riechen Schlangen?

Schlangen bedienen sich zum Riechen sowohl ihrer Nasenöffnungen als auch ihrer Zunge. Wenn eine Schlange ihre Zunge in die Luft schnalzen läßt, fängt sie damit Geruchspartikel ein. Diese bringt sie zu ihrem Gaumen, wo ein spezielles Organ sie „riecht". Alle Schlangen sind mit diesem Organ ausgestattet, das es ihnen ermöglicht, Geruchsspuren anderer Tiere zu folgen.

Warum streifen Schlangen ihre Haut ab?

Genaugenommen streifen alle Lebewesen, der Mensch eingeschlossen, ihre Haut aufgrund natürlicher Abnutzung und Verschleißes ab. Da die zähe Haut einer Schlange nicht mitwächst, muß sie ihre Haut, ähnlich wie einen zu eng gewordenen Mantel, von Zeit zu Zeit ablegen.

Klapperschlange

Wie merkt man, daß eine Schlange kurz vor der Häutung steht?

Wenn eine Schlange kurz vor der Häutung steht, werden ihre Augen trübe und ihre Haut wird matt. Das liegt daran, das sich zwischen der alten und der neuen Haut eine milchige Flüßigkeit sammelt. Nach wenigen Tagen werden die Augen der Schlange wieder klar und die alte Haut beginnt, sich vom Kopf an abzuschälen, wodurch die leuchtenden, kräftigen Farben der darunterliegenden neuen Haut sichtbar werden. Die alte Haut bleibt mitunter wie ein zusammengeknüllter Strumpf in einem Stück zurück.

Eine Schlange bei der Häutung

Wie klappern Klapperschlangen?

Der Schwanz einer Klapperschlange besteht aus harten, glockenförmigen, miteinander verzahnten Segmenten. Bei jeder Häutung kommt ein neues Segment hinzu. Statt jedoch zusammen mit dem Rest der Haut abgeworfen zu werden, bleibt das alte Segment in den Rillen des neuen hängen. Wenn sich die Schlange bedroht fühlt, lassen ihre starken Muskeln ihren Schwanz schnell vibrieren, wodurch die Segmente sich aneinander reiben und klappern.

Wie finden Klapperschlangen in der Dunkelheit ihre Beute?

Klapperschlangen und andere Mitglieder der Grubenottern-Familie bedienen sich einer einmaligen Methode, um ihre Beute in der Dunkelheit aufzuspüren. Vor ihren Augen sitzen in zwei kleinen Grübchen empfindliche Wärmefühler, die selbst den winzigsten Temperaturanstieg feststellen können, der durch die Anwesenheit eines warmblütigen Tieres verursacht wird. Die Wärmefühler informieren die Schlange über die Entfernung und den Standort der Beute, so daß sie selbst bei völliger Dunkelheit präzise zubeißen kann.

Haben Giftschlangen irgendwelche Feinde?

Überraschendeweise haben sogar die allergiftigsten Schlangen Feinde. Der indische Mungo tötet Kobras, indem er ihnen das Genick durchbeißt, bevor sie zurückschlagen können. Greifvögel, wie Adler und Falken, dagegen töten Schlangen, indem sie sie mit ihren Schnäbeln und Krallen zerfleischen. Die Gemeine Königsnatter frißt Giftschlangen, nachdem sie sie erwürgt hat: Sie scheint gegen deren Gift immun zu sein und kämpft erst mit Klapperschlangen, bevor sie sie mit dem Kopf voraus verschlingt. Die schlimmsten Feinde der Giftschlangen sind jedoch wir Menschen, da wir ihren Lebensraum zerstören.

Ein Mungo tötet eine Schlange

Welches ist die längste Schlange der Welt?

Die längste jemals gemessene Schlange war mit 10 Metern eine Netzpython, die man 1912 in Indonesien erschoß. Man nimmt an, daß die kräftiger gebauten Anakondas sogar noch länger werden können; die längste, die man bisher gemessen hat, war aber nur neun Meter lang.

Schlangen wie die Eierschlange können ihren Kiefer aushängen, um gewaltige Nahrungsstücke zu verschlingen.

Wie stellen es Schlangen an, ganze Eier zu verschlucken?

Obwohl der Hals einer afrikanischen Eierschlange nicht dicker ist als ein menschlicher Finger, kann sie ein Hühnerei mit verhältnismäßiger Leichtigkeit verschlucken. Sie windet hierzu ihren Körper um das Ei, um es festzuhalten und hängt dann ihren Kiefer aus. So kann sie das ganze Ei mit einigen langsamen Schlucken verschlingen. Einmal geschluckt, wird das Ei mit einer scharfkantigen „Säge" an der Rückseite des Schlunds aufgebrochen. Der Inhalt des Eies gleitet dann in den Magen der Schlange, während die Schalenstücke zusammengepreßt und wieder ausgespuckt werden.

Können sich Schlangen geradlinig fortbewegen?

Normalerweise denken wir bei Schlangen an Lebewesen, die sich in S-Kurven am Boden entlangschlängeln. Dicke Schlangen können sich jedoch, besonders dann, wenn sie sich an Beute anschleichen, in schnurgerader Linie vorwärtsbewegen. Sie ziehen ihre Bauchmuskeln zusammen und können sich mit Hilfe spezieller Schuppen an der Unterseite ihres Körpers am Boden festhalten.

Wie töten Riesenschlangen ihre Beute?

Alle Pythons und Boas gehören zu den Riesenschlangen. Bei der Jagd ergreifen sie zunächst ein Tier mit ihrem Maul und winden dann ihren Körper um dessen Brust. Sie drücken das Tier so fest, daß es nicht mehr atmen kann und erstickt. Danach schlingen sie ihr Opfer im Ganzen hinunter.

Wie kommt der Seitenwinder zu seinem Namen?

Die Seitenwinder-Schlange verdankt ihren Namen den anmutigen Seitwärtsbewegungen, mit denen sie sich über heißen Wüstensand bewegt. Sie berührt dabei den Boden nur mit zwei Teilen ihres Körpers gleichzeitig und stößt sich mit einer Reihe seitlicher Sprünge vorwärts. Dadurch bleibt ein Muster im Sand zurück, das an die Sprossen einer Leiter erinnert. Die Schlange verringert auf diese Weise soweit wie möglich den Körperkontakt mit dem heißen Sand.

Seitenwinder

Wie entkommen Eidechsen hungrigen Räubern?

Wenn Eidechsen von einem Räuber am Schwanz gepackt werden, bedienen sie sich einer speziellen Verteidigungsmethode: Sie werfen ihren Schwanz ab! Während der Räuber sich noch mit dem zuckenden Schwanz beschäftigt, bringt sich die Eidechse in Sicherheit. Später wächst ein neuer Schwanz nach.

Wie kontrollieren Eidechsen ihre Körpertemperatur?

Wie viele andere Reptilienarten kontrollieren Eidechsen ihre Körpertemperatur, indem sie ihr Verhalten ändern. Am Morgen, wenn ihr Körper noch kalt ist, legt sich die Eidechse auf eine schräge Oberfläche, um ihren Körper von der Sonne bescheinen zu lassen. Wenn es dem Tier zu heiß wird, streckt sie ihre Beine höher, damit zur Abkühlung Luft an ihren Bauch gelangen kann.

Was fressen Meerechsen?

Die auf den Galapagos-Inseln beheimatete Meerechse ist die einzige lebende Eidechse, die auf dem Meeresgrund nach Nahrung sucht. Sie ernährt sich fast ausschließlich von Seegras.

Wie fängt ein Chamäleon seine Beute?

Chamäleons sind hochspezialisierte Baumeidechsen, die für ihre Fähigkeit bekannt sind, ihre Farbe der Umgebung anzupassen. Sie fangen ihre Beute mit Hilfe einer extrem langen, klebrigen Zunge, die so blitzschnell aus ihrem Mund hervorschießt, daß kaum ein Insekt ihr entkommen kann. Hat das Chamäleon ein geeignetes Opfer gesichtet, beginnen seine beiden Augen unabhängig voneinander zu arbeiten, um ein möglichst klares Bild von der Beute zu bekomen. Man könnte sagen, daß das Chamäleon die beste Rundumsicht von allen Reptilien hat.

Welche Eidechse speichert Nahrung in ihrem Schwanz?

Die im Südwesten der Vereinigten Staaten vorkommende Gila-Krustenechse ist eine kurzbeinige, stämmige Eidechse, deren Körper mit leuchtend gefärbten, perlähnlichen Schuppen bedeckt ist. Da sie in Wüstengegenden lebt, in denen es wenig Nahrung gibt, hat sie die Fähigkeit entwickelt, in ihrem Schwanz Fett zu speichern. Von diesem Fett lebt sie, wenn sie keine andere Nahrung finden kann. Wenn es Nahrung im Überfluß gibt, frißt die Gila-Krustenechse so viel wie möglich, um wieder einen Fettvorrat anzulegen.

Komodo-Waran

Speit der Komodo-Waran Feuer?

Im Gegensatz zu den geflügelten Ungeheuern der Märchen und Sagen kann der Komodo-Waran weder Feuer speien noch fliegen. Dieses kräftig gebaute Tier mit riesigem Kopf und langem dickem Schwanz ist die größte fleischfressende Eidechse. Sie lebt auf einigen wenigen indonesischen Inseln.

VÖGEL

Wie viele Vogelarten gibt es?

Die rund 8600 Vogelarten, die es gibt, leben mit Ausnahme der tiefen Meere praktisch über die ganze Erde verbreitet. Obwohl sie sich in Größe, Form und Farbe unterscheiden, haben sie doch alle eines gemeinsam: Die Federn. Hierin unterscheiden sie sich von allen anderen Angehörigen des Tierreichs.

Können alle Vögel fliegen?

Nicht alle Vögel können fliegen. Pinguine können beispielsweise nicht fliegen, und benutzen ihre Flügel statt dessen als Flossen zum Schwimmen unter Wasser. Einige Kormoranarten haben ihre Flugfähigkeit ebenfalls eingebüßt. Ihr Körper hat sich derart gut an das Leben im Wasser angepaßt, daß diese Vögel zwar hervorragend schwimmen und tauchen können, ihre Flügel jedoch zu schwach geworden sind, um den Körper zu tragen. Einige fluguntüchtige Landvögel, wie der australische Emu, besitzen dafür kräftige Hinterbeine. Sie ermöglichen es dem Vogel, große Entfernungen zu Fuß zurückzulegen und Gefahren mit erstaunlicher Schnelligkeit zu entfliehen.

Welches ist der größte lebende Vogel?

Mit einer Größe von 2,5 Metern und einem Gewicht von bis zu 136 Kilogramm ist der afrikanische Strauß der größte lebende Vogel. Er ist zwar zu schwer zum Fliegen, ist dafür aber das schnellste Lebewesen auf zwei Beinen und kann Geschwindigkeiten von bis zu 70 Stundenkilometern erreichen.

Der Strauß kann nicht fliegen.

Hummelkolibri

Welches ist der kleinste lebende Vogel?

Der kleinste Vogel ist der Hummelkolibri. Mit seinem Gewicht von nur 2 Gramm ist er nicht größer als ein großes Insekt – ja, manche Käfer wiegen sogar zwanzigmal mehr als dieser winzige Vogel.

Wie schlafen Vögel, ohne dabei vom Ast zu fallen?

Die als Sperlings- oder auch Singvögel bekannte Gruppe umfaßt mehr als die Hälfte aller Vogelarten. Ihre Füße sind besonders gut für das Umklammern kleiner Stämme oder Zweige geeignet. Alle Sperlingsvögel besitzen vier Zehen ohne Zwischenhaut, von denen einer nach hinten weist. Wenn sie auf einem Sitz landen, ziehen sich die Fußsehnen durch ihr Körpergewicht zusammen, so daß die Zehen den Zweig oder Ast fest umklammern.

Federn

Warum haben Vögel Federn?

Es gibt zwei wichtige Gründe dafür, daß Vögel Fdern haben: Sie halten warm und ermöglichen es ihnen zu fliegen. Federn können Vögeln darüber hinaus auch ein auffälliges Aussehen verleihen, das sie für Angehörige des anderen Geschlechts anziehend macht. Im Vergleich zur Isolierung und zur Flugfähigkeit ist dies jedoch von untergeordneter Bedeutung.

Woraus bestehen Federn?

Federn bestehen aus einer hornigen Eiweißsubstanz, dem sogenannten Keratin. Das ist dieselbe Substanz, aus der auch unsere Haare und Fingernägel bestehen, wobei die Federn allerdings anders konstruiert sind. Da Keratin zugleich leicht, fest und biegsam ist, stellt es ein ideales Baumaterial für Federn dar.

Wie viele Federn hat ein Vogel?

Darauf kann man keine allgemeine Antwort geben. Vögel können beliebig viele Federn haben, je nachdem, welcher Art sie angehören: Je kleiner der Vogel, desto weniger Federn hat er. Das Federkleid eines Kolobri kann aus weniger als tausend Federn bestehen, während ein größerer Vogel, wie zum Beispiel ein Schwan, mindestens 25 000 Federn hat. In der Regel haben Vögel im Winter mehr Federn als im Sommer, um sich gegen das kalte Wetter zu schützen.

Was ist das Besondere an der Konstruktion einer Feder?

Der Aufbau einer Feder ist so etwas besonderes, weil er so kompliziert ist. Von einem zentralen, hohlen Schaft führen nach beiden Seiten zarte Äste, die sogenannten Fahnen weg, von denen jede in noch kleinere Äste ausfranst, die man als Strahlen bezeichnet. Bei den Flügelfedern sind diese Strahlen wie Haken miteinander verzahnt, so daß sie eine durchgehende, glatte Oberfläche bilden, über die die Luft hinwegfließen kann.

Das wunderschöne Federkleid des Paradiesvogels dient zum Anlocken des anderen Geschlechts.

Wie viele verschiedene Arten von Federn gibt es?

Es gibt vier Haupttypen von Federn: Daunenfedern, Körperfedern, Flügelfedern und Schwanzfedern. Daunenfedern sind in erster Linie für die Isolierung zuständig – dank ihrer weichen und flaumigen Struktur können sie ein Luftpolster einschließen und auf diese Weise dem Vogel eine hervorragende Isolierung bieten. Körperfedern sind an ihrer Unterseite flaumig und an ihrer Oberseite weich. Nur die Strahlen an der Spitze sind miteinander verzahnt, so daß diese Federn den Körper windschnittig machen und somit die Flugtüchtigkeit des Vogels erhöhen. Flügelfedern sind robust gebaut und speziell geformt, um dem Vogel Auftrieb zu geben und ihn manövrierfähig zu machen. Die Schwanzfedern dienen zum Steuern, Ausbalancieren und zur Balz.

Warum können Vögel fliegen?

Vögel können deshalb fliegen, weil so gut wie jeder Teil ihres Körpers für das Fliegen konstruiert ist. Ihre aerodynamischen Flügel und ihre Körperform machen sie windschlüpfrig und ihre Muskeln und Knochen sind ebenfalls speziell für das Fliegen konstruiert. Da beim Fliegen große Mengen Energie verbraucht werden, besitzen Vögel extrem leistungsfähige Lungen. Überdies ist ihr Verdauungssystem in der Lage, Nahrung überaus schnell in Energie umzuwandeln.

Wie nutzen Seevögel den Wind zum Fliegen?

Seevögel lassen sich im Wind nach unten treiben, bis sie knapp über der Meeresoberfläche sind, und drehen sich dann scharf in den Wind, so daß sie von ihm wieder emporgetragen werden. Dabei wird der Vogel um so weiter nach oben getragen, je stärker der Wind ist. Sobald der Vogel genügend Höhe erreicht hat, dreht er und gleitet wieder nach unten, wobei er seine schlanken, spitzen Flügel voll aufspannt. Auf diese Weise können Seevögel große Entfernungen zurücklegen, ohne ihre gesamte Energie zu verbrauchen.

Wie unterscheiden sich die Flügel der verschiedenen Vogelarten?

Die Flügel unterscheiden sich zwar je nach dem unterschiedlichen Lebensstil der Vögel in Größe und Form, folgen jedoch alle demselben Grundmuster. Der äußere Teil des Flügels, von dem die langen Schwungfedern abgehen, sorgt für den Vorschub, wenn der Vogel seine Flügel nach unten schlägt. Der innere Teil des Flügels, an dem die kürzeren Sekundärfedern wachsen, ist von vorn nach hinten leicht gebogen, was ihm eine aerodynamische Form verleiht. Sie gibt dem Vogel bei der Vorwärtsbewegung gleichzeitig Auftrieb. Die Kraft für das Flügelschlagen kommt von den großen Brustmuskeln zu beiden Seiten des Brustbeins, die über Sehnen mit den Flügelknochen verbunden sind. In den Flügeln selbst sind nur wenige Muskeln enthalten, da ihr Gewicht möglichst gering sein muß.

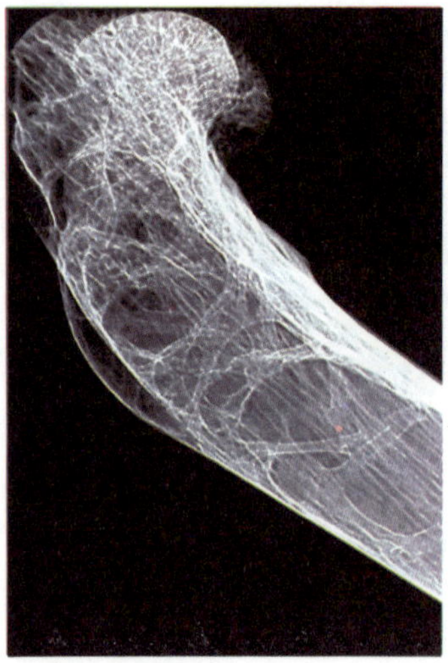

Die Struktur eines Vogelknochens

Worin unterscheiden sich die Knochen der Vögel von denen der Landtiere?

Vogelknochen sind leicht, während die Knochen der Landtiere schwer und dicht sind. Ein Querschnitt durch einen Vogelknochen zeigt, daß er größtenteils hohl ist. Er enthält allerdings leichte, verstärkende Querstreben, die den Knochen bei all den Flugmanövern Halt geben. Ohne diese Struktur wären Vögel zu schwer zum Fliegen.

Wie stellen es Vögel an, beim Fliegen nicht müde zu werden?

Vögel verbrauchen riesige Mengen an Energie, wenn sie mit ihren Flügeln schlagen. Um Energie zu sparen, haben viele Vögel Flugmethoden entwickelt, wie etwa Segeln und Gleiten, bei denen sie nicht mit den Flügel zu schlagen brauchen. Wenn sie aber unbedingt mit den Flügeln schlagen müssen, wie zum Beispiel bei einem schnellen Start, sorgt ihr spezielles Atmungssystem dafür, daß sie große Mengen an Sauerstoff erhalten und deshalb nicht gleich müde werden.

Was ist das Besondere an dem Atmungssystem der Vögel?

Auf den ersten Blick scheinen die Lungen eines Vogels nicht leistungsfähiger zu sein als die eines Säugetiers von vergleichbarer Größe. Ihr Geheimnis liegt vielmehr darin, daß sie mit einer Reihe von Luftsäcken verbunden sind, die überall im Körper sitzen – selbst in den Flügelknochen. Obwohl in diesen Luftsäcken kein Austausch von Gasen stattfindet, ermöglicht ihr bloßes Vorhandensein den Fluß der Luft durch die Lungen in einer Richtung. Das bedeutet, daß sowohl beim Ein- als auch beim Ausatmen Sauerstoff und Kohlendioxid höchst wirkungsvoll ausgetauscht werden können – etwas, was bei den „Ebbe und Flut" – Lungen eines Säugetiers nicht möglich ist.

Das Innere eines Vogels

Wie segeln Vögel?

Segeln ist eine Form des Aufwärtsgleitens, die oft von Greifvögeln angewendet wird, um Energie zu sparen. Diese Art des Flugs ist von der wärmenden Kraft der Sonne abhängig. Wenn die reflektierte Sonnenwärme die Luft am Boden erwärmt, steigt diese auf und erzeugt dadurch eine aufsteigende Warmluftströmung. Diese wiederum nützen Vögel mit langen, breiten Flügeln, wie Adler und Bussarde, aus, um in große Höhen aufzusteigen. Dabei benutzen sie ihre Flügel nur, um von einer Warmluftströmung zur nächsten zu gelangen.

Wie können Vögel in der Luft stehenbleiben, ohne herunterzufallen?

Vögel können in der Luft anhalten, indem sie ununterbrochen mit ihren Flügeln schlagen: eine Flugmethode, die man als Rütteln bezeichnet. Da diese Art des Fluges extrem ermüdend ist, können sie nur wenige Vögel lange durchhalten. Wenn ein Turmfalke rüttelt, weist sein Schwanz nach unten und ist dabei fächerförmig ausgebreitet, so daß der Vogel durch den vorbeiwehenden Wind Auftrieb erhält. Turmfalken rütteln hauptsächlich, um nach kleinen Säugetieren am Boden Ausschau zu halten – mit ihren scharfen Augen können sie selbst geringfügige Bewegungen aus großer Entfernung wahrnehmen.

Ein Turmfalke rüttelt bei der Beutesuche

Wie heben Vögel ab?

Jeder Vogel hebt auf eine andere Weise ab, aber bei den meisten Startmethoden spielt kräftiges Flügelschlagen eine wichtige Rolle. Vögel, denen die Flügel als wichtigstes Fluchtmittel vor Räubern dienen, besitzen zumeist breite, abgerundete Flügel, da sie guten Auftrieb und rasche Beschleunigung bieten. Viele schwere Landvögel müssen mit ausgestreckten Flügeln gegen den Wind Anlauf nehmen, um Auftrieb zu bekommen. Vögel dagegen, die den Großteil ihres Lebens in der Luft verbringen, können nur von erhöhten Punkten aus starten – sie fallen buchstäblich in die Luft und breiten dann ihr Flügel aus.

Wie landen Vögel?

Vögel landen, indem sie ihre Geschwindigkeit reduzieren. Sie schwingen dazu ihren Körper in eine aufrechte Stellung, wobei ihr Schwanz mit ausgebreiteten Schwanzfedern nach unten weist. Die Füße weisen nach vorn und nach unten, um beim Bremsen zu helfen, und viele Vögel schlagen noch zusätzlich kurz mit ihren Flügeln nach hinten, als ob sie den Rückwärtsgang einlegen würden.

Woher kommt die wunderschöne Färbung bei Vögeln?

Die Farben der Federn kommen auf zwei Weisen zustande: entweder sind in den Federn selbst Pigmente enthalten oder die Oberfläche der Federn zerstreut das Licht. Braun und Schwarz entstehen durch das Pigment Melanin, während die leuchtenden Blau- und die metallischen Blaugrünfärbungen davon herrühren, daß die Federn bestimmte Wellenlängen des sichtbaren, weißen Lichts reflektieren. Federn, die weiß sind, reflektieren alle Wellenlängen des sichtbaren Lichts.

Warum sitzen Eichelhäher auf Ameisenhaufen?

Wie die meisten Vögel leiden auch Eichelhäher unter winzigen Parasiten, wie Läusen und Flöhen. Diese unwillkommenen Untermieter machen es sich unter den weichen, warmen Federn des Vogels gemütlich und stellen für ihn ein ständiges Ärgernis dar. Eichelhäher sind dafür bekannt, daß sie sich eine halbe Stunde oder länger auf einem Ameisenhaufen niederlassen, in der Hoffnung, daß die wütenden Ameisen über ihren Körper klettern und die ungebetenen Gäste unter ihren Federn mit giftiger Ameisensäure töten.

Der leuchtend gefärbte Quetzal

Warum mausern Vögel?

Da sich Federn über kurz oder lang abnutzen und ausfransen, müssen sie immer wieder ausgewechselt werden. Die meisten Vögel verlieren jeweils nur wenige Federn gleichzeitig, damit sie stets flugfähig bleiben und es ihnen nicht zu kalt wird. Einige schwere Wasservögel können jedoch nur fliegen, wenn alle ihre Flugfedern intakt sind, und tauschen sie deshalb stets gleichzeitig aus. Da sie während dieser Zeit eine leichte Beute für Räuber sind, verbergen sie sich zum Mausern an geschützten, verborgenen Plätzen. Vögel mausern auch, um die Farbe ihres Federkleids zu wechseln. Dieses ist bei vielen Vögeln im Winter dick und matt, damit es zusätzliche Wärme und Tarnung bietet. Beim Herannahen der Brutzeit tauschen die Vögel es dann gegen ein glatteres, leuchtender gefärbtes Federkleid ein.

Warum sind Flamingos rosa?

Die Färbung der Flamingos hängt mit ihrer Nahrung zusammen. Das rote Pigmen *Carotinoid*, das in Krabben und anderen Krustentieren enthalten ist, geht durch die Nahrung direkt in die Federn des Flamingos ein.

Flamingo

Warum putzen sich Vögel?

Vögel putzen sich, um ihre Federn stets in gutem Zustand zu halten. Der Vogel schmiert hierzu seinen Schnabel zunächst mit Fett aus einer großen Fettdrüse ein, die sich an der Unterseite seines Schwanzes befindet, und streicht dann mit seinem Schnabel wie mit einem Kamm durch seine Federn. Besonders sorgfältig tut der Vogel dies bei seinen Flügelfedern. Vögel, die keine Fettdrüsen besitzen, wie etwa Reiher und Papageien, benutzen statt dessen einen feinen Puder, der von bestimmten Federn produziert wird.

Wie schwebt ein Kolibri?

Kein anderer Vogel kann so gut in der Luft manövrieren wie ein Kolobri. Er kann auf-, ab-, vorwärts-, seitlich – und sogar rückwärts fliegen. Er ist in der Lage, bewegungslos vor einer Blume zu schweben, indem er so schnell mit seinen Flügeln schlägt, daß man sie fast nicht mehr sieht. Beim Schweben neigt der Kolobri seinen Körper nach vorn und seine Flügel schlagen in horizontaler Ebene, so daß sie zwar Auftrieb, aber keinen Vorwärtsschub liefern.

Warum haben Spechte steife Schwanzfedern?

Spechte besitzen steife Schwanzfedern, da diese ihnen als zusätzliche Stütze dienen, wenn sie an einem Baumstamm hämmern oder hinaufklettern. Das ist der Grund, weshalb die Spitzen dieser Federn mitunter ziemlich zerfleddert aussehen.

Warum können Schleiereulen so leise fliegen?

Schleiereulen können deshalb so leise fliegen, weil ihre Flugfedern eingesäumt sind. Dieser Saum dämpft die Flügelschlaggeräusche der Eule, so daß sie völlig überraschend auf Kleintiere herabstoßen kann.

Schleiereule

Eier und Nester

Verschiedene Arten von Eiern

Warum legen Vögel Eier?

Vögel legen Eier, weil ihre Vorfahren, die Reptilien, ebenfalls Eier legten, und sich diese Art der Fortpflanzung als vorteilhaft erwiesen hat. Würde ein Vogelweibchen ein Junges lebend gebären oder in ihrem Körper ein sich entwickelndes Ei mit sich tragen, wäre es wahrscheinlich zu schwer zum Fliegen. Deshalb legen Vögel ihre Eier ziemlich bald nach der Paarung.

Warum bauen Vögel Nester?

Vögel bauen Nester, um ihre Eier und Jungen gegen das Wetter und vor plündernden Räubern zu schützen. Nester halten darüber hinaus während des Brütens die Wärme des Elternvogels. Vogelnester weisen hinsichtlich Größe und Form große Unterschiede auf: Das reicht von massiven Gebilden aus losen Ästen bis zu winzigen, schalenähnlichen Behältern, die innen kuschelig mit Daunen und Federn ausgekleidet sind.

Nistender Haubentaucher

Welcher Vogel näht sich ein Nest?

Der indianische Schneidervogel baut sein Nest aus zwei Blättern einer großblättrigen Pflanze. Hierzu bohrt er zunächst mit seinem Schnabel eine Reihe von Löchern an den Außenrändern der Blätter. Dann zieht er die Blätter zusammen, indem er feine Pflanzenfasern durch die Löcher fädelt und jeden Stich einzeln verknotet. Nachdem auf diese Weise eine Art Wiege entstanden ist, polstert sie der Schneidervogel mit weichen Fasern aus und legt zwei oder drei Eier darin ab.

Schneidervogel

Wie befreien sich Vogelbabys aus ihrer Eierschale?

Wenn die Zeit zum Schlüpfen gekomen ist, füllt das Küken fast die ganze Eierschale aus. Sein Schnabel ist mit einem Eierzahn ausgestattet, mit dem es ein Loch in die Schale pickt. Darüber hinaus besitzt das Küken an der Rückseite seines Halses einen besonderen Schlüpfmuskel, den es beim Aufpicken der Schale ruckartig bewegt. Schließlich bilden sich Haarrisse in der Schale, ein kleiner Splitter fällt heraus und es entsteht ein Loch, durch das das Küken frische Luft atmen kann. Nach einer Pause beginnt das Küken erneut, diesmal am stumpfen Ende des Eis, zu picken, bis es die Schale weit genug aufgebrochen hat, um schlüpfen zu können.

Wie halten Laubenvögel ihre Eier warm?

Die australischen Laubenvögel nutzen zum Ausbrüten ihrer Eier die beim Verfaulen von Vegetation entstehende Wärme aus. Der Nestbau beginnt mit dem Ausheben einer großen Grube, die der Vogel mit Blättern füllt. Daraufhin warten die Vögel auf einen starken Regenguß und decken dann die Blätter mit Sand zu, so daß ein kleiner Hügel entsteht. Wenn nach vier Monaten die Blätter zu verrotten begonnen haben und eine konstante Temperatur erzeugen, legt das Weibchen in dem Hügel ihre Eier ab. Wenn die Temperatur zu hoch zu werden droht, bauen die Laubenvögel entweder Entlüftungsschächte oder häufen noch mehr Sand auf.

Welche Nester werden für die Schwalbennestersuppe verwendet?

Die Nester der Höhlensalanganen bestehen zum überwiegenden Teil aus dem Speichel der Vögel und sind als Zutaten für die Schwalbennestersuppe heiß begehrt. Die Nester sind jedoch praktisch geschmacklos und besitzen nur geringen Nährwert. Höhlensalanganen brüten in riesigen Kolonien in den Kalksteinhöhlen Südostasiens. Sie kleben ihre Nester hoch oben an den Höhlendächern fest.

Warum erlaubt das Straußenweibchen anderen Straußen, deren Eier in ihrem Nest abzulegen?

Da es weit mehr Straußenweibchen als Männchen gibt, haben etwa ein Drittel aller Weibchen keinen Partner. Die Oberhenne erlaubt „unverheirateten“ Weibchen, ihre Eier in ihrem Nest abzulegen. Erstaunlicherweise kann die Oberhenne ihre eigenen Eier von denen anderer Weibchen anhand des Porenmusters auf den weißen Schalen unterscheiden. Sie achtet deshalb darauf, daß dann, wenn das Nest zu voll ist, nicht ihre eigenen Eier herausrollen, sondern die anderer Weibchen.

Wie groß ist ein Straußenei?

Das Straußenei ist das größte Ei, das von einem lebenden Vogel gelegt wird – jedes wiegt bis zu 1,5 Kilogramm. Manchmal liegen 30 bis 40 Eier in einem einzigen Nest. Man hat Aasgeier dabei beobachtet, wie sie aus großer Höhe Steine auf die Eier herabfallen ließen, um die zwei Millimeter dicke Schale aufzubrechen.

Warum hält man den Kuckuck für einen faulen Vogel?

Der europäische Kuckuck ist dafür bekannt, daß er seine Eier in die Nester anderer Vögel legt, besonders von Rotschwänzen, Heckenbraunellen und Bachstelzen. Da sich der Kuckuck auf diese Weise die Arbeit des Nestbaus und der Aufzucht seiner Jungen erspart, ist es verständlich, daß er einen solchen Ruf hat.

Was ist Brutparasitentum?

Brutparasitentum ist ein von vielen Vögeln praktiziertes Verhalten, bei dem das Weibchen einige ihrer Eier in die Nester anderer Vögel der gleichen Spezies legt. Moorhühner tun dies ziemlich regelmäßig, und man nimmt an, daß sie sich auf diese Weise dagegen „versichern“, daß ihr eigenes Nest geplündert oder zerstört wird. Indem es nicht „alles auf eine Karte setzt“, erhöht das Moorhuhn die Chancen, daß ihr eigener Nachwuchs überlebt.

Worin unterscheidet sich ein Vogelei von einem Reptilienei?

Das Vogelei hat eine harte, kreideartige Schale. Reptilieneier besitzen dagegen zumeist eine biegsamere, lederartige Außenhaut. Ansonsten sind sich die Eier sehr ähnlich.

Wie warm halten Vögel ihre Eier?

Sie halten ihre Eier sehr warm, bei einer Temperatur von etwa 39°C. Wenn es uns so warm wäre, würden wir uns ziemlich krank fühlen! So gut wie alle Vögel halten ihre Eier warm, indem sie sich auf sie setzen. Manche Vogelarten entwickeln Brutflecken an ihrer Brust, die ihnen das Brüten erleichtern. Diese federlosen Brutflecken sind von vielen Blutgefäßen durchzogen, wodurch sie besonders warm sind. Der Laubenwallnister und einige mit ihm verwandte Vogelarten setzen sich nicht auf ihre Eier. Statt dessen schütten sie Haufen von verfaulender Vegetation auf, ähnlich Komposthaufen, die ihre Eier warm halten. Ihre Eier werden bei einer Temperatur von etwa 33°C ausgebrütet.

Junger Kuckuck

Lummeneier

Warum haben die Eier der Lumme eine Birnenform?

Lummen bauen keine Nester, sondern legen ein einziges Ei auf das nackte Felsgesims einer Klippe. Lange Zeit nahm man an, daß die spitz zulaufende Form des Eis verhindern sollte, daß es vom Sims rollt. Man hat allerdings festgestellt, daß das Ei nicht geradeaus, sondern im Kreis rollt, wenn man es anschubst. Heute gehen die Wissenschaftler davon aus, daß durch die Birnenform ein größerer Teil der Eioberfläche mit dem warmen Körper der Lumme in Berührung kommt, wenn sie es in halb stehender Postition ausbrütet.

Welcher Vogel baut Gemeinschaftsnester?

Der wohl bekannteste Gemeinschaftsnestbauer ist der in Südwest-Afrika beheimatete Webervogel. Jede Vogelkolonie baut ein dichtgepacktes, kuppelähnliches Nest, in dem Schlafplätze und Nistkammen für bis zu hundert Vogelpärchen untergebracht sind. dieses riesige Nest, das manchmal sieben Meter breit sein kann, bauen die Vögel gewöhnlich in einer Akazie. Es wird von den Vögeln das ganze Jahr über benutzt.

Warum hält man das Männchen des Kaiserpinguins für einen hingebungsvollen Vater?

Kein anderer Vogel setzt sich solch harten Bedingungen aus wie das Kaiserpinguin-Männchen. Sobald das Weibchen ihr einziges Ei abgelegt hat, kehrt sie ins Meer zurück. Das Männchen legt sich dann das Ei zum Ausbrüten auf seine Füsse. In der Dunkelheit des arktischen Winters drängen sich die Männchen auf dem Packeis dicht zusammen, und nehmen während der gesamten, 64 Tage dauernden Brutzeit keine Nahrung zu sich. Nach dem Schlüpfen ernährt das Männchen das Küken so lange mit Sekreten aus seinem Kropf, bis das Weibchen zurückkehrt und die Brutpflege übernimmt.

Das Kaiserpinguin-Männchen schützt das Ei vor dem Antarktiseis.

Welcher Vogel legt das größte Ei im Verhältnis zu seiner Größe?

Das voll ausgewachsene Weibchen des neuseeländischen Kiwis wiegt ungefähr 1,7 Kilogramm (etwa so viel wie ein Haushuhn). Dennoch legt es ein Ei, das etwa ein Viertel seines Körpergewichts wiegt. Aus diesem Grund ist es nur allzu verständlich, daß der Vogel immer nur ein Ei legt.

Welcher Vogel versieht sein Nest mit einem falschen Eingang?

Die Kap-Beutelmeise treibt einen großen Aufwand, um Räuber zu der Annahme zu verleiten, ihr Nest sei leer. Ihr hängendes Nest ist mit einem falschen Eingang versehen, der in eine „leere“ Eikammer führt. Der richtige Eingang zum Nest befindet sich direkt über dem falschen und kann von dem Vogel jedesmal verschlossen und geöffnet werden, wenn er das Nest verläßt oder zu ihm zurückkehrt.

Wie kommt der Töpfervogel zu seinem Namen?

Der bekannte Amerikanische Töpfervogel verdankt seinen Namen den kuppelförmigen, ofenähnlichen Nestern, die er aus Lehm „töpfert“ und mit Haaren oder Pflanzenmaterialien verstärkt. Diese an Pfosten oder kahlen Ästen gebauten, steinharten Nester sind mit einem kleinen Schlupfloch versehen, das zu einer etwa 20 Zentimeter breiten Nistkammer führt.

Flugunfähige Vögel

Stecken Strauße ihren Kopf wirklich in den Sand?

Nein, man hat Strauße nie bei so etwas beobachtet. Diese Legende rührt wahrscheinlich von der Gewohnheit dieser Vögel her, ihren Hals flach auf den Boden zu legen, wenn sie im Nest sitzen. Hierdurch ist der Strauß nicht so leicht zu sehen; er sieht dann nur wie einer von vielen anderen kleinen Hügeln in der afrikanischen Savanne aus.

Wie findet der Kiwi in der Dunkelheit Nahrung?

Kiwi

Der Kiwi ist das Nationalsymbol von Neuseeland. Trotz seiner Berühmtheit ist er jedoch ein scheues, nachtaktives Tierchen, das sich am Tage nur selten blicken läßt. Ein Kiwi spürt seine Nahrung – in der Regel Regenwürmer, kleine Insekten und Beeren – hauptsächlich mit Hilfe seines Geruchssinns auf. Er benutzt dabei die Nasenlöcher am Ende seines langen, spitzen Schnabels, um am Waldboden nach schmackhaften Leckerbissen zu suchen.

Wie halten sich Pinguine bei kalten Schneestürmen warm?

Pinguine sind flugunfähige Vögel, deren Federn vor allem die Aufgabe haben, sie warm und trocken zu halten. Die kurzen, feinen Federn des Pinguins hüllen den Vogel in einen gleichmäßigen, dicken Mantel ein, der eher einem dicken Pelz als dem Federkleid ähnelt, das wir von Flugvögeln kennen. Das direkt unter der Haut gespeicherte Fett bietet noch eine zusätzliche, wirksame Isolierschicht gegen die Kälte.

Welchen Vogel nennt man auch den Südamerikanischen Strauß?

Den Nandu, der dem Strauß sehr ähnlich ist und im Busch und in den Pampas Südamerikas lebt. Ähnlich wie der Strauß handelt es sich auch bei ihm um einen großen, flugunfähigen Vogel, der überaus schnell laufen kann. Vom Standpunkt der Evolution haben Nandu und Strauß allerdings wenig miteinander zu tun.

Der riesige, flugunfähige Kasuar kann sehr wild werden. Wenn er sich in die Enge getrieben fühlt, schlägt er mit seinen kräftigen Beinen aus und kann damit sogar Menschen töten.

Warum trägt der Kasuar einen Helm auf seinem Kopf?

Der in Neuguinea beheimatete Kasuar ist ein großer, einzeln lebender Dschungelvogel. Er hat einen kräftigen Tritt, den er manchmal anwendet, um ungebetene Eindringlinge anzugreifen. Man nimmt an, daß der knochige Hornaufsatz oder Helm des Kasuars den Kopf schützen soll, wenn er sich seinen Weg durch das dichte Unterholz bahnt; er könnte jedoch auch als Grabwerkzeug bei der Suche nach Kleinlebewesen dienen, die der Kasuar verspeist.

Schnäbel und Nahrung

Was fressen Vögel?

Im Laufe ihrer Entwicklung haben die Vögel gelernt, alle Arten von Nahrung zu sich zu nehmen. Sie bevorzugen deshalb Samen, Nüsse, Insekten, Nektar, Früchte, Fisch und Fleisch. Vögel bevorzugen energiereiche Nahrung, da sie beim Fliegen so viel Energie verbrauchen.

Die Form des Schnabels eines Vogels deutet auf die Art der Nahrung hin, die er frißt.

Warum haben Vogelschnäbel so unterschiedliche Formen?

Vogelschnäbel haben so unterschiedliche Formen, da alle Vögel verschiedene Arten von Nahrung zu sich nehmen. Samenfresser haben in der Regel einen kurzen, kräftigen, keilförmigen Schnabel zum Herauspicken und Aufbrechen von Samenkörnern. Insektenfresser sind dagegen mit dünneren, spitzen Schnäbeln ausgestattet, die sie wie Pinzetten benutzen, um kleine Beutetiere aus ihren Schlupfwinkeln zu ziehen. Vögel, die in der Luft Insekten jagen, haben zumeist kurze Schnäbel und weit aufsperrbare Mäuler, die sie beim Fliegen wie Fischernetze gebrauchen. Die Schnäbel von fleischfressenden Vögeln sind kräftig und gebogen und dazu geeignet, Fleischstücke aus der Beute zu reißen.

Was ist der Kropf eines Vogels?

Der Kropf eines Vogels ist ein vorübergehender Nahrungsspeicher im Hals des Tiers. Dieser auch als Vormagen bezeichnete, dünnwandige Hautsack ermöglicht es dem Vogel, mehr Nahrung in seinen Schnabel zu stopfen, als er in seinem Magen unterbringen kann. Wenn Nahrung im Überfluß vorhanden ist, kann sich der Vogel auf diese Weise vollstopfen, und sich dann zum Verdauen an ein ruhiges Plätzchen zurückziehen. Der Kropf ist auch nützlich, um darin Nahrung aufzubewahren, die später an Nestlinge verfüttert werden soll.

Warum fressen Vögel Kies?

Vögel, die, wie zum Beispiel Sperlinge, Samen fressen, brauchen Kies als Verdauungshilfe. Der muskuläre Teil ihrer Mägen, den man auch als Muskelmagen bezeichnet, besitzt harte, gefurchte Wände zur Pulverisierung von Samenkörnern. Dieser Vorgang kann noch wirkungsvoller vonstatten gehen, wenn sich kleine harte Steinchen im Magen befinden. Fleisch- und Insektenfressende Vögel brauchen keinen Kies zu sich zu nehmen, da ihre Nahrung verhältnismäßig weich ist.

Woraus bestehen Eulengewölle?

Eulengewölle enthalten all das, was eine Eule nicht verdauen kann. Da sie keine Zähne besitzen, um ihre Beute zu kauen, verschlingen die Eulen sie im Ganzen. Ein- oder zweimal täglich müssen sie diese ungewollten Bestandteile in Form kleiner Pakete, der sogenannten Gewölle, wieder ausspucken. Mitunter ist es möglich, durch Prüfen von Form und Farbe des Gewölles zu bestimmen, von welcher Eulenart es stammt. So ist das Gewölle einer Schleiereule fast schwarz und hat eine weiche runde Form.

Ein zerlegtes Eulengewölle.

Schwertschnabel-Kolibri

Warum besitzt der Schwertschnabel-Kolibri einen Schnabel, der viermal so lang ist wie sein Körper?

Der Schnabel des Schwertschnabel-Kolobris ist lang genug (10,5 Zentimeter), daß er genau in den 11,4 Zentimeter langen Blütenschlauch der in den Anden wachsenden Kletterpassionsblume paßt. Sowohl Blume als auch Vogel profitieren von diesem Arrangement: Die Blume wird durch den Vogel fremdbestäubt, während der Vogel an unerschöpfliche Nektarquellen herankommt.

Warum haben Flamingos gebogene Schnäbel?

Dank seiner gebogenen Form befindet sich die obere Hälfte des Flamingoschnabels unter Wasser, wenn der Vogel ihn zum Fressen umgekehrt ins Wasser hält. Wenn das Wasser durch den Schnabel fließt, passiert es ein feines Sieb. Dieses filtert winzige Tiere und Pflanzenmaterialien heraus, bevor das Wasser mit Hilfe der großen, fleischigen Zunge des Flamingos wieder herausgepumpt wird. Flamingobabys besitzen diese komplizierten Schnäbel noch nicht – sie sind bei ihrer Ernährung von den Eltern abhängig, bis sie im Alter von etwa 10 Wochen ebenfalls diese Filterschnäbel entwickeln.

Warum haben Ziegenmelker Borsten um ihr Maul?

Der Ziegenmelker hat keine Borsten um sein Maul, sondern feine Federn. Sie dienen dem Vogel während des Fluges als Trichter. Ziegenmelker gehen hauptsächlich nachts im Flug auf Nahrungssuche, wobei sie ihr Maul weit geöffnet halten, um alle geflügelten Insekten, die ihnen unterwegs begegnen, zu fangen.

Gibt es Vögel mit Zähnen?

Genaugenommen hat kein Vogel Zähne – zumindest keine, die aus Knochen bestehen. Eine Gruppe von Tauchenten, die sogenannten Schlangenhalsvögel, haben allerdings an den Seiten ihres langen, dünnen Schnabels zahnähnliche Zacken entwickelt. Diese „Zähne“ sind nützlich, wenn die Vögel unter Wasser nach schlüpfrigen Fischen schnappen.

Welchen Vogel nennt man auch den afrikanischen Heuschreckenvogel?

Der Blutschnabelweber ist wahrscheinlich der am zahlreichsten vorkommende Vogel der Welt. Wenn ein Schwarm aus Millionen dieser Vögel über ein Getreidefeld herfällt, hat er es in kürzester Zeit verwüstet. Obwohl der Blutschnabelweber eigentlich Wildgrassamen als Nahrung vorzieht, wendet er sich, wenn seine natürlichen Nahrungsquellen erschöpft sind, zur Ergänzung seines Speisezettels landwirtschaftlichen Früchten zu.

Ein Schwarm von Blutschnabelwebern

Greifvögel

Welcher Vogel läßt Knochen vom Himmel fallen?

Der Lämmer- oder Bartgeier ernährt sich von toten Tieren, wenn sich jedoch bei einem Kadaver bereits andere Geier eingefunden haben, läßt er ihnen für gewöhnlich den Vortritt und gibt sich mit Knochen zufrieden. Wenn die Knochen zu groß sind, läßt er sie aus großer Höhe auf Felsen fallen, damit sie aufbrechen. So kann der Lämmergeier an das Knochenmark herankommen.

Was fressen Fischadler?

Der Speisezettel eines Fischadlers enthält fast ausschließlich Fisch. Diese Vögel fangen ihre Beute, indem sie im Flug mit ihren Klauen ins Wasser greifen, sich einen Fisch schnappen und dann gleich wieder aufsteigen. Die Unterseite der Füße des Fischadlers ist mit hornigen Stacheln besetzt, die ihm beim Greifen seiner schlüpfrigen Beute gute Dienste leisten.

Ist der Seeadler kahlköpfig?

Dieser vornehm aussehende Vogel, das Wappentier der Vereinigten Staaten, ist ganz und gar nicht kahl. Er sieht aus der Ferne nur so aus, weil er weiße Federn auf seinem Kopf trägt, während der Rest seines Federkleides eine dunkelbraune Färbung hat.

Goldadler

Warum ziehen Goldadler immer nur eines ihrer beiden Küken groß?

Obwohl Goldadler zwei Eier legen, ziehen sie in den meisten Fällen nur eines der beiden Küken groß. Das hängt mit der Rivalität zwischen den beiden Geschwistern zusammen. Das zuerst geschlüpfte Küken greift gewöhnlich sein Geschwisterchen so wild an, daß das jüngere Küken aus dem Nest fliehen muß. Die Eltern tun nichts, um dieses aggressive Verhalten zu unterbinden.

Kornweihen

Wie tötet der Sekretär Schlangen?

Dieser langbeinige afrikanische Vogel verbringt die meiste Zeit auf dem Boden und geht im offenen Grasland auf Pirsch. Miunter stößt oder stampft er wild auf eine Schlange ein, die er im Gestrüpp entdeckt hat – dabei fallen sogar Kobras und Puffottern seinen kraftvollen Schlägen zum Opfer. Oft hat die Schlange keine Chance, zurückzuschlagen, da sie von den Flügeln des Sekretärs in Schach gehalten wird.

Welcher Vogel wirft seinem Partner in der Luft Nahrung zu?

Das Kornweihen-Männchen fängt Beute für die Jungen, kehrt damit aber nicht zum Nest zurück. Statt dessen ruft er sein Weibchen herbei, das unter ihn fliegt und sich für einen Moment auf den Rücken dreht, um die vom Männchen fallengelassene Nahrung mit seinen Klauen aufzufangen. Damit kehrt das Weibchen dann zum Nest zurück, um die Küken zu füttern.

Weißkopf-Seeadler besitzen kräftige Schnäbel, mit denen sie Fleisch zerreißen können. Mitunter stehlen sie aber auch Leckerbissen von anderen Vögeln.

Warum bezeichnet man die Weißkopf-Seeadler manchmal auch als die „Piraten der Lüfte"?

Es ist nichts ungewöhnliches für Weißkopf-Seeadler, Fischadlern und anderen kleineren Greifvögeln ihre Beute abzujagen, indem sie sie in der Luft bedrohen. Die kleineren Vögel lassen in einem solchen Fall ihre Beute in einem Akt der Unterwerfung fallen und verschaffen dadurch dem Weißkopf-Seeadler eine billige Mahlzeit. Weißkopf-Seeadler sind nicht die einzigen Vögel, die sich wie Piraten verhalten: Bestimmte Fischadler und Fregattvögel sind ebenfalls dafür bekannt, daß sie anderen Vögeln ihre Beute abjagen.

Warum hält man Eulen für weise?

Man dichtet den Eulen gemeinhin mehr Weisheit an, als sie überhaupt besitzen können. Wie bei den meisten Vögeln, ist auch ihr Verhalten zum Großteil instinktiv und ihre Fähigkeit zum Elernen neuer Tricks beschränkt. Ihre „Weisheit" rührt wahrscheinlich von ihrer „menschlichen" Erscheinung her – ihre großen Köpfe, runden Körper und riesigen, nach vorn gerichteten Augen sind Merkmale, mit denen wir uns identifizieren können.

Haben Waldohreulen wirklich lange Ohren?

Waldohreulen haben zwar Ohren, aber die Körperteile, die wie Ohren aussehen, sind nichts weiter als lange Federbüschel. Diese Federbüschel haben nichts mit den wirklichen Ohren der Eule zu tun, die an den Seiten ihres Kopfes versteckt sind. Im Flug preßt die Waldohreule ihre Ohrbüschel flach gegen den Kopf.

Wie finden Eulen ihre Beute in der Dunkelheit?

Eulen benutzen ihre scharfen Augen und Ohren, um kleine Tiere in der Dunkelheit aufzuspüren. Die Augen einer Eule sind ungewöhnlich groß und besonders gut an das Sehen bei schwachem Licht angepaßt, während ihre Ohren hervorragende Hörorgane sind. Sie sind in unterschiedlicher Höhe an beiden Seiten des Kopfes angeordnet und funktionieren so, daß das eine Ohr einen Ton um den Bruchteil einer Sekunde früher wahrnimmt als das andere. Dadurch ist die Eule in der Lage, die Geräuschquelle mit großer Sicherheit zu bestimmen. Selbst in der dunkelsten Nacht kann sie die trippelnden Bewegungen einer Beute zielgenau ansteuern.

Harpyie

Welcher ist der größte und furchteinflößendste Adler der Welt?

Die in den Regenwäldern Südamerikas beheimatete Harpyie mit ihren kräftigen Beinen und rasiermesserscharfen Krallen ist einer der mächtigsten Greifvögel der Welt. Sie kann mit großem Geschick und großer Behendigkeit durch dichte Wälder manövrieren. Dort jagt sie nach Affen, Faultieren und anderen auf den Bäumen lebenden Säugetieren, die sie mit ihren riesigen, gekrümmten Füßen von den Ästen zerrt. Unglücklicherweise ist dieser wunderbare Vogel wegen der Zerstörung großer Regenwaldflächen heute ziemlich selten.

Wasservögel

Wie kann der Papageitaucher so viele Fische in seinem Schnabel halten?

Papageitaucher sind leicht an ihren farbig gestreiften Schnäbeln zu erkennen, die während der sommerlichen Brutzeit in ihrer ganzen Pracht erstrahlen. Dabei sind diese Schnäbel aber mehr als reiner Schmuck: Sie sind ein wirkungsvolles Hilfsmittel, mit dem der Papageitaucher ein Dutzend oder mehr kleine Fische zu seinem Nest zurückträgt, um damit sein einziges Küken zu füttern. Wie der Papageitaucher es anstellt, eine solch große Anzahl fein säuberlich aufgereihter Fische in seinem Schnabel zu tragen, ohne sie fallen zu lassen, ist immer noch nicht endgültig geklärt. Man nimmt an, daß jeder Fisch von speziellen Stacheln festgehalten wird, mit denen die Zunge und der Gaumen des Vogels besetzt sind. Darüber hinaus ist der Schnabel des Papageitauchers in einer Weise mit Scharnieren versehen, daß er Fische mit der ganzen Schnabellänge fest umklammert halten kann und nicht nur in einer schmalen Ecke.

Papageitaucher

Welcher Vogel erweckt den Eindruck, als würde er auf dem Wasser laufen?

Jacanas laufen nicht wirklich auf dem Wasser – sie treten vielmehr auf treibende Wasserpflanzen. Ihre Zehen und Klauen sind so außerordentlich lang, daß ihr Körpergewicht auf eine große Fläche verteilt wird und die Vögel somit kaum einsinken können. Jacanas leben an tropischen Seen und Süßwassermarschen.

Warum stehen Graureiher so unbeweglich im Wasser?

Reiher fangen Fische mit Hilfe von List und Überraschung. Sie stehen mit gebogenem Hals bewegungslos in seichtem Wasser, bereit, mit ihrem Schnabel nach jedem vorbeischwimmenden Fisch oder Frosch zu schnappen. Sie können ihren Hals so blitzartig vorschnellen lassen, daß ihnen kaum ein Opfer entkommen kann.

Welche Vögel fischen im Team?

Die Weißen Pelikane sind gesellige Vögel, die im Team arbeiten, um einen Fischschwarm zusammenzutreiben. Sobald sie alle Fische in einem bestimmten Gebiet eingekreist haben, stoßen sie mit ihren Schnäbeln ins Wasser und schaufeln die Fische heraus. Wenn die Vögel ihren Kopf heben, strömt das Wasser aus ihrem Schnabel und der Fisch bleibt darin hängen.

Warum haben Säbelschnäbler einen nach oben gebogenen Schnabel?

Die elegant nach oben geschwungenen Schnäbel dieser schwarz-weißen Watvögel sind ein ideales Werkzeug, um die Oberflächen von Schlamm oder seichtem Wasser zu durchsieben, wenn die Vögel pickend dahinschreiten. Säbelschnäbler können auch mit dem Schwanz nach oben schwimmen, wie Enten. Sie tun dies, wenn das Wasser zum Stehen zu tief ist und durchsieben dann den Grund nach Nahrung, die in erster Linie aus Pflanzen, Insekten und anderen kleinen wirbellosen Tieren besteht.

Wie kann man die Fußspuren eines Wasserhuhns von denen anderer Wasservögel unterscheiden?

Der Fuß eines Wasserhuhns ist insofern ungewöhnlich, als aus jedem seiner Zehenknochen schuppige Hautlappen herauswachsen. Diese schuppigen Lappen helfen den Vogel beim Schwimmen und verhindern, daß er beim Waten durch Schlamm darin versinkt. Der Abdruck, den die gelappten Füße eines Wasserhuhns im Schlamm hinterlassen, ist sofort zu erkennen.

Reiher sind langbeinige Watvögel, die sich von Fischen ernähren.

Vogelzug

Warum ziehen Vögel fort?

Vögel ziehen zum Jahreszeitenwechsel fort, um in die Gebiete zu gelangen, die ihnen die geeigneten Nahrungs- und Lebensbedingungen bieten. Jedes Jahr unternehmen Singvögel, Seevögel, Wasservögel und Watvögel weite, beschwerliche Reisen von ihren Sommer-Brutgebieten zu ihren Winter-Futtergebieten. Sie tun dies, um die jahreszeitlichen Schwankungen von Klima Nahrungsangebot auszunutzen.

Wie finden Vögel ihren Weg?

Vögel finden ihren Weg mit Hilfe verschiedenster Methoden, von denen wir bei weitem noch nicht alle kennen. Man nimmt an, daß am Tag fliegende Vögel die Sonne als Kompaß benutzen und über eine eingebaute Uhr verfügen, die es verhindert, daß sie durch den Lauf der Sonne vom Weg abkommen. Von in der Nacht fliegenden Vögeln nimmt man dagegen an, daß sie sich an den Sternen orientieren. Einige Vogelarten könnten sich sogar vom Magnetfeld der Erde leiten lassen und bei wieder anderen vermutet man, daß sie bestimmte geographische Landmarken, wie Gebirgszüge und Flußtäler, erkennen.

Welcher Vogel fliegt vom Nordpol zum Südpol (und wieder zurück)?

Wahrscheinlich reist kein anderer Vogel auf der Welt so weit wie die Küstenseeschwalben. Sie sind monatelang ununterbrochen über dem Meer unterwegs. Sie brüten während der Sommermonate innerhalb des Polarkreises und machen sich dann auf den Weg zum Südpol um den Sommer auszunutzen. Bei einer solchen Rundreise legen sie mehr als 35 000 Kilometer zurück.

Küstenseeschwalbe

Störche legen während ihres alljährlichen Zugs große Strecken im Gleitflug zurück.

Warum fliegen Störche nie übers offene Meer?

Störche besitzen lange, breite Flügel und legen lange Strecken in einer Mischung aus Flatter- und Segelflug zurück. Da für den Segelflug aufsteigende Warmluftströmungen nötig sind, die nur über Land auftreten, vermeiden Störche weite Flüge über die offene See. Auf ihren Zugrouten über Europa und Afrika überqueren sie das Meer an der engen Straße von Gibraltar oder am Bosporus, am Hals des Schwarzen Meeres.

Was ist eine Irruption?

Wenn eine große Anzahl von Vögeln plötzlich in einem Gebiet auftaucht, das nicht zu ihrem normalen Verbreitungsgebiet gehört, so bezeichnet man dies als eine Irruption dieser bestimmten Spezies. Der häufigste Grund für eine solche Irruption ist Nahrungsknappheit im eigentlichen Verbreitungsgebiet der Vögel – so zum Beispiel, wenn die Samen, von denen sich die Vögel normalerweise ernähren, knapp werden. Zu den häufig irruptierenden Vögeln gehören Zeisige, Bluthänflinge, Bergfinken und Kreuzschnäbel.

Kehren Zugvögel immer auf demselben Weg zurück, auf dem sie gekommen sind?

Nicht alle Zugvögel benutzen dieselbe Route zum Hin- und Rückflug. Der Amerikanische Goldregenpfeifer verläßt beispielsweise sein arktisches Brutgebiet in Alaska und Nordkanada und fliegt südwärts über den Atlantik zu seinen Überwinterungsgebieten in Südamerika. Die im folgenden Frühjahr zurückfliegenden Erwachsenen nehmen eine andere Route in Richtung Norden und fliegen dabei auf dem Weg nach Zentralamerika fast ausschließlich über Festland.

Balz

Sind alle Vögel ihren Partnern treu?

Die meisten Vögel sind monogam – das heißt, sie paaren sich nur mit einem Partner und bleiben diesem zumindest so lange treu, bis ihre Jungen das Nest verlassen. Manche Männchen paaren sich dagegen mit so vielen Weibchen wie möglich und kümmern sich dann nur wenig um den Nestbau und die Aufzucht der Jungen.

Welche Vögel bauen „Schatzhäuser"?

Die Männchen der in Australien und Neuguinea beheimateten Laubenvögel bauen aufwendige Gebilde, die sie mit bunten Gegenständen oder „Schätzen" schmücken, um Weibchen anzulocken. Das Männchen des dunkelblau schimmernden Seiden-Laubenvogels baut zum Beispiel einen Zugang aus zwei Stengelwänden und dekoriert diesen mit allen kleinen Gegenständen, die er gerade finden kann – Federn, Muscheln, Blumen, sogar Plastikstücken – Hauptsache sie sind gelbgrün oder vorzugsweise blau (damit sie zu seiner eigenen Färbung passen).

Was ist das Besondere des Thorshühnchen-Weibchens?

Das Thorshühnchen ist ein interessanter Fall von Rollentausch. Bei ihm ist es nicht das Männchen, sondern das Weibchen, das bei der Balz die Initiative ergreift und es ist ebenfalls das Weibchen, das mit einem leuchtendroten Federkleid ausgestattet ist und den Nistplatz wählt. Nach dem Ablegen der Eier werden diese von dem kleineren, mattfarbenen Männchen ausgebrütet. Das Männchen kümmert sich später auch um die Küken, während das Weibchen sich davonmacht und nach anderen Männchen sucht.

Wie beeindrucken die Fregattvogel-Männchen die Weibchen?

Fregattvögel sind große, schnellfliegende Seevögel, die auf entlegenen tropischen Inseln in Kolonien nisten. Während der Balz versucht das Fregattvogel-Männchen die Weibchen dadurch zu beeindrucken, daß es seinen roten Halssack zur Größe eines Fußballs aufbläst. Ist das Weibchen interessiert, reibt es seinen Kopf an der riesigen Brust des Männchens.

Haubentaucher

Warum tanzen Haubentaucher miteinander auf dem Wasser?

Die Haubentaucher führen auf dem Wasser einen eleganten Balztanz auf, der dazu dienen soll, eine feste Paarbindung aufzubauen. Oft gehört zu dem dabei gezeigten Balzverhalten das Schütteln der Köpfe und das Herumdrehen, um sich gegenseitig das Gefieder zu putzen. Die Balz endet mit dem Austausch von Seegras, wobei sich die beiden Vögel mit dem Gesicht zueinander aus dem Wasser erheben und ihre Geschenke austauschen.

Was ist ein Balzplatz?

Ein Balzplatz ist ein Ort, an dem sich die fortpflanzungsfähigen Männchen mancher Vogelarten versammeln, um vor den mattgefärbten Weibchen zu stolzieren und zu tanzen, die das Ganze vom Rand des Balzplatzes aus beobachten. Solche Balzplätze werden zum Beispiel von Paradiesvögeln, Birkhühnern und Kampfläufern benutzt. In der Regel sucht sich das Weibchen ein dominantes Männchen aus, mit dem es sich paart. Dann fliegt es weg, um ihre Eier abzulegen und ihre Jungen aufzuziehen.

Fregattvogel-Männchen

SÄUGETIERE

Was ist ein Säugetier?

Ein Säugetier ist ein gleichwarmes Tier, dessen Körper teilweise oder vollkommen mit Haaren bedeckt ist. Weibliche Säugetiere gebären im allgemeinen lebende Junge und ziehen sie mit Milch auf, die in speziellen Drüsen – den *Milchdrüsen* – gebildet wird. Säugetiere werden wegen ihres großen Gehirns und der hoch entwickelten Sinne häufig als die „fortschrittlichsten" Tiere angesehen.

Wie viele Säugetierarten gibt es?

Es gibt etwa 4000 Säugetierarten, von denen ungefähr die Hälfte zu den Nagetieren und ein Viertel zu den Fledemäusen gehört. Die Säugetiere kann man in drei Gruppen unterteilen: Die Kloakentiere (*Monotremata*) wie das Schnabeltier und der Ameisenigel, die Beuteltiere (*Marsupialia*) wie das Känguruh und der Koala sowie die *Plazentatiere,* eine Gruppe, zu der die meisten der heute lebenden Arten gehören.

Was ist eine Plazenta?

Mit Ausnahme der Kloaken- und Beuteltiere tragen Säugetiere ihre Jungen zunächst im Körper. Dort haben sie es warm und sind geschützt. Sie werden durch ein besonderes Organ, die *Plazenta,* mit Nahrung versorgt. Die Plazenta ist das Organ, das Mutter und Kind miteinander verbindet.

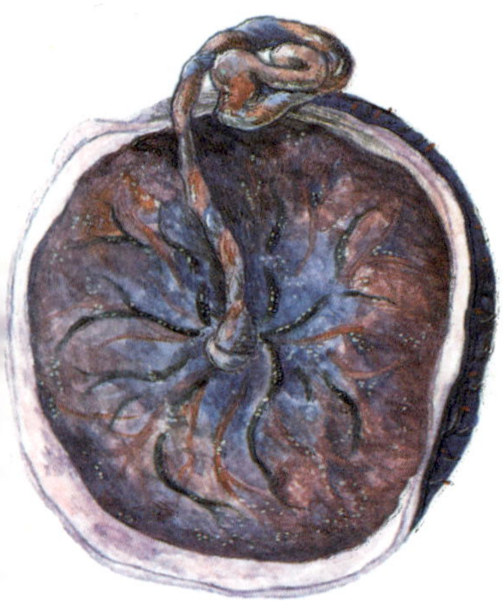

Plazenta

Was sind Kloakentiere?

Ein Kloakentier ist ein Säugetier, das Eier legt. Es gibt heute nur noch drei Arten von Kloakentieren: das Schnabeltier und zwei Ameisenigelarten, von denen die eine in Australien, die andere in Neuguinea verbreitet ist. Die geschlüpften Jungen saugen die Milch nicht aus einer Brustwarze, sondern aus einer umgewandelten Schweißdrüse.

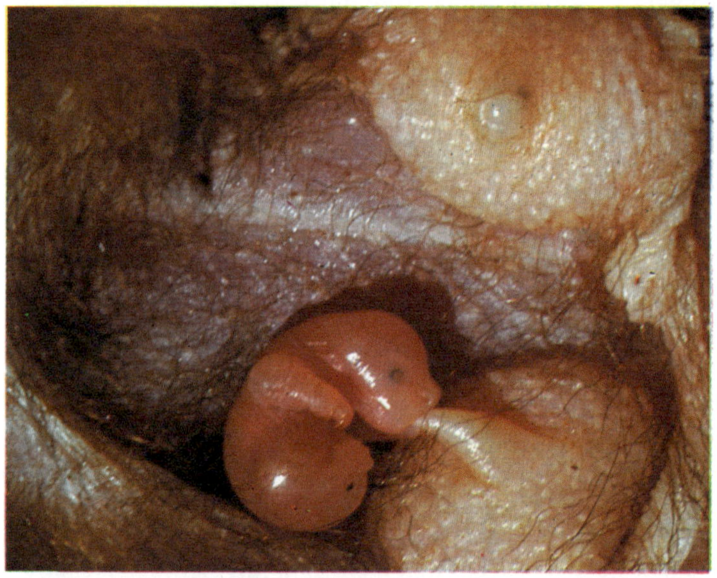

Ein junges Beuteltier im Brutbeutel der Mutter

Wann bevölkerten Riesensäuger die Erde?

Während der Eiszeiten; damals gab es Mammute (elefantenähnliche Tiere), Riesen-Hirsche, -Büffel, -Nashörner, -Faultiere und -Gürteltiere. In Australien lebten Riesen-Kloakentiere und Riesen-Beuteltiere, z.B. das drei Meter große Riesenkänguruh. Die meisten dieser übergroßen Arten sind vor etwa 10 000 Jahren ausgestorben – möglicherweise in Folge der Bejagung durch die ersten Menschen.

Warum halten manche Tiere einen Winterschlaf?

Die Tiere halten einen Winterschlaf, um die langen, kalten Wintermonate zu überleben. Wenn das Futter knapp wird, schalten manche Tiere ihre Körperfunktionen auf Sparflamme und ziehen sich an einen möglichst geschützten, frostfreien Platz zurück. Beim Winterschlaf fällt die Körpertemperatur ab, das Herz schlägt nur noch sehr langsam und der Atem wird flach und unregelmäßig. Murmeltiere, Igel, Fledermäuse und Bären halten einen Winterschlaf und zehren bis zum Aufwachen von den Fettreserven des Körpers.

Wozu dient der Schwanz?

Der Schwanz ist eine Verlängerung des Rückgrats. Im Laufe der Evolution übernahm er bei den verschiedenen Säugetieren unterschiedliche Funktionen. Viele Tiere benutzen ihn als Ausdrucksmittel. Um dies zu verstehen, muß man nur beobachten, wie Hund und Katze ihren Schwanz benutzen, um damit Freude, Agression, Gehorsam oder Wut auszudrücken. Pferde verwenden ihn als Fliegenwedel, Affen und andere Baumbewohner häufig als „dritte Hand", wenn sie sich von Ast zu Ast schwingen und sich dabei mit dem Schwanz festhalten. Füchse und Eichhörnchen brauchen den Schwanz zum Ausbalancieren und als wärmende Decke bei der Winterruhe.

Warum haben Säugetiere Haare?

Vorrangig dienen Haare dazu, die Tiere warm zu halten. Bei manchen Arten wurden die Haare aber für andere Zwecke verändert. Igel besitzen zur Verteidigung besonders starre Haare, bei anderen Tierarten sind sie, z.B. zur besseren Tarnung, gefärbt. Versteifte Haare, wie die Schnurrbarthaare der Katzen, sind überaus tastempfindlich. Sogar die Wale, die sonst keine Körperhaare besitzen, tragen am Kopf empfindliche, borstenartige Haare.

Igel

Warum frißt eine Ratte mehr als eine Echse gleicher Größe?

Weil die Ratte ein gleichwarmes, die Echse aber ein wechselwarmes Tier ist. Das heißt, Ratten können, im Gegensatz zu Echsen, ihren Körper durch Verbrennen von Nährstoffen selbst warm halten. Echsen haben immer dieselbe Temperatur wie ihre Umgebung – an einem sonnigen Sommertag sind sie warm, im Winter kalt und träge. Dadurch, daß eine Ratte ihre Körpertemperatur selbst steuern kann, hat sie viele Vorteile. Die gleichmäßig hohe Körpertemperatur macht sie leistungsfähiger und erlaubt ihr ein größeres Gehirn.

Welches ist das größte Säugetier der Welt?

Der Blauwal, der ein Gewicht von 190 Tonnen und eine Länge von 33 Metern erreichen kann. Er ist das größte Säugetier, wahrscheinlich aber sogar das größte Tier, das jemals auf Erden lebte.

Welche neugeborenen Säugetiere können selbst für sich sorgen?

Die Jungen von pflanzenfressenden Säugern sind bei der Geburt weiter entwickelt als die blinden und nackten Jungen fleischfressender oder höhlenbewohnender Säuger. Weißschwanzgnus können z.B. schon 10 Minuten nach der Geburt aufstehen und ihrer Mutter folgen und bereits nach 24 Stunden mit der Herde ziehen. Als Neugeborene sind sie Raubtieren ausgeliefert; ihre Überlebenschance steigt aber, je früher sie laufen und damit der Gefahr entfliehen können.

Warum interessieren sich die Wissenschaftler so sehr für die Tupaias?

Tupaias sind Baum-Spitzmäuse der Wälder Ostasiens. Auf den ersten Blick fragt man sich, was diese, den Eichhörnchen ähnlichen Tiere so interessant macht. Die Antwort lautet, sie haben eine starke Ähnlichkeit mit Fossilien der ersten Säugetiere. Die Wissenschaftler glauben nun, daß die ersten Säugetiere, von denen wir und alle anderen Säuger abstammen, wie Tupaias aussahen und sich möglicherweise wie diese verhielten.

Beuteltiere

Leben alle Beuteltiere in Australien?

Von den 250 bekannten Beuteltierarten leben etwa 70 nicht in Australien oder auf den benachbarten Inseln. So z.B. das Opossum, ein rattenähnliches Tier der Wälder Nord- und Südamerikas. In Australien findet man weitaus die meisten und verschiedenartigsten Beuteltiere, angefangen bei der winzigen Beutelspitzmaus bis zum mannshohen Roten Riesenkänguruh.

Wie überstehen Känguruhs lange Trockenperioden?

Känguruhs haben dazu mehrere Möglichkeiten: Erstens werden sie stärker nachts aktiv und suchen tagsüber vor der Sonne Zuflucht unter überstehenden Felsen. Sie belecken ihre Arme, um sich durch Verdunstung Kühlung zu verschaffen. Zweitens können sie auf der Suche nach Futter und Wasser weite Strecken zurücklegen. Drittens reduzieren sie den Wasserverlust, indem die Nieren stärker konzentrierten Harn ausscheiden. Schließlich entfernt das Weibchen, um sich selbst zu retten, das Jungtier aus dem Beutel, wenn es nicht mehr genügend Milch bilden kann.

Was ist ein Beuteltier?

Ein Säugetier mit einem Brutbeutel, wie z.B. das Känguruh oder der Koala. Die Jungen ähneln bei der Geburt winzigen, rosa Würmchen. Sie klettern durch das Fell der Mutter in den Brutbeutel, wo sie mit Milch gesäugt werden, bis sie groß genug sind, den Beutel zu verlassen. Die meisten Beuteltiere leben in Australien, einige auch in Neuguinea und Amerika.

Gibt es Känguruhs, die auf Bäumen leben?

Drei Känguruharten sind zu Baumbewohnern geworden. Sie sind bemerkenswert behende und können frei von Baum zu Baum springen. Mit ihrem langen Schwanz halten sie dabei die Balance. An den Vorderfüßen tragen sie zum Greifen der Äste außerdem lange, gekrümmte Krallen. Im Gegensatz zu anderen Baumbewohnern können sie aber auch am Boden sehr schnell hüpfen und kommen oft zur Nahrungssuche auf die Erde.

Beuteltiere wie das Känguruh tragen ihre Jungen, bis diese selbständig sind, in einem Brutbeutel.

Warum hüpfen Känguruhs?

Niemand weiß genau, warum Känguruhs hüpfen, anstatt auf allen vier Beinen zu laufen. Vom Enegieverbrauch betrachtet, ist Hüpfen vermutlich die effektivere Art, Geschwindigkeiten über 12 km pro Stunde zu entwickeln. Darüber hinaus ist bei dieser eher aufrechten Haltung die Gefahr geringer, daß das Junge aus dem Beutel fällt.

Was ist am Schnabeltier so ungewöhnlich?

Nur wenige Säugetiere sind so eigenartig wie das Schnabeltier. Nicht genug, daß es ein Kloakentier (ein eierlegendes Säugetier) ist, es hat auch noch Schwimmhäute und einen entenartigen Schnabel. Für ein Leben am Wasser bietet dieses sonderbare Äußere jedoch beste Voraussetzungen. Mit dem empfindlichen Schnabel sucht das Schnabeltier den schlammigen Grund nach Würmern, Muscheln und Larven ab, die es mit großem Appetit vertilgt – mitunter verspeist es davon bis zu 1 kg pro Tag. Das Schnabeltier lebt in verzweigten Erdgängen, die es mit seinen scharfen Krallen in die Ufer gräbt.

Das Schnabeltier ist ein Säugetier, das Eier legt.

Was fressen Ameisenbeutler?

Den Ameisenbeutler könnte man den „Ameisenbär" unter den Beuteltieren nennen. Er hat eine lange Schnauze, eine lange, klebrige Zunge und kräftige Klauen, mit denen er die Termitenbauten öffnet. Dabei verspeisen diese hübsch gestreiften, etwa rattengroßen Tiere bis zu 20000 Termiten pro Tag.

Wie groß ist ein Känguruhbaby bei der Geburt?

Das Rote Riesenkänguruh ist das größte aller Beuteltiere. Obwohl es ein Gewicht von 70 kg erreicht, wiegt das Junge bei der Geburt nicht einmal ein Gramm. Dennoch hat es bereits gut entwickelte Vorderbeine und klettert damit am Bauch der Mutter hoch in den Brutbeutel. Hat es sich an einer Zitze festgesäugt, wächst es noch 8 Monate lang heran, bevor es den Schutz des Beutels entbehren kann.

Warum sagt man, der Koala sei ein Feinschmecker?

Der Koala ist bei seiner Nahrung sehr wählerisch – er frißt nur Blätter und Sprossen von 12 verschiedenen Eukalyptusarten. Das Weibchen trägt ihr Junges, nachdem dieses den Beutel verlassen hat, noch sechs Monate auf dem Rücken herum und füttert es mit vorverdauten Blättern.

Koala

Wombat, ein australisches Beuteltier

Haben alle Weibchen der Beuteltiere einen Brutbeutel?

Nicht alle Beuteltiere haben besonders ausgebildete Brutbeutel. Bei vielen mausgroßen Mitgliedern der Familie der Dasyuridae hängen die Jungen wie eine Traube einfach an der Unterseite, wo sie fest mit den Zitzen der Mutter verbunden sind. Wird das Junge zum Tragen zu schwer, legt es die Mutter in ein eigens dafür gebautes Nest.

Wie kam der Beutelteufel zu seinem Namen?

Die ersten Siedler in Australien glaubten, daß dieses untersetzte Beuteltier ein blutrünstiges Raubtier sei, das es nur auf ihre Schafe abgesehen habe und gaben ihm einen dementsprechenden Namen. Der Beutelteufel ist jedoch eher ein Aasfresser als ein Jäger. Mit seinem großen Kopf und den kräftigen Kiefern kann er die Knochen erbeuteter Tiere relativ leicht zermalmen.

Wo leben Wombats?

Wombats leben unterirdisch in langen, miteinander verbundenen Gängen, die sie mit ihren kräftigen Vorderbeinen graben. Oft mit dem Dachs verglichen, leben diese kräftig gebauten Beuteltiere von Pflanzenwurzeln, Knollen und Gras. Wombats werden z.T. als Haustiere gehalten, da sie recht gelehrig und leicht zu füttern sind.

Was ist ein Potoroop?

Ein Potoroop ist ein kleines, rattenähnliches Känguruh, das in den Wäldern Tasmaniens und Ostaustraliens lebt. Die Tiere sind hauptsächlich nachtaktiv, ernähren sich von Pflanzenwurzeln, Knollen und Insekten und hüpfen umher wie ihre großen Verwandten.

Welches Tier stirbt nach der Paarung?

Die Zwergbreitfußbeutelmaus ist ein winziges, nur mausgroßes Tier, das in den Wäldern Ostaustraliens meist unter Laub und Erde versteckt lebt. Das Männchen paart sich in seinem kurzen Leben nur einmal und stirbt darauf. Das Weibchen setzt mitunter auch einen zweiten Wurf.

Beutelteufel

Wie spielt man „Toter Mann"?

„Toter Mann" zu spielen bedeutet, sich tot zu stellen. Das in Amerika beheimatete Opossum beherrscht dieses Spiel ausgezeichnet und stellt sich tot, sobald es angegriffen wird. Die Augen schließen sich, der Kiefer fällt herab, der Atem setzt praktisch aus und der Körper ist wie gelähmt. Viele Raubtiere sind nur auf lebende Beute aus und verlieren daher das Interesse an ihrem scheinbar schon toten Opfer.

Nagetiere

Was ist ein Nagetier?

Nagetiere sind eine weltweit verbreitete Ordnung der Säugetiere. Dazu gehören Ratten, Mäuse, Wühlmäuse, Eichhörnchen, Biber und Stachelschweine. Sie sind klein bis mittelgroß und haben meißelförmige Schneidezähne, die besonders zum Nagen geeignet sind. Ihre weite Verbreitung auf der Erde ist teilweise sicher auf die hohe Geburtenrate zurückzuführen.

Feld-Waldmaus mit ihren Jungen

Wie viele Nachkommen hat ein Mäusepaar pro Jahr?

Im Alter von sechs Wochen ist eine weibliche Maus geschlechtsreif und bringt pro Wurf fünf bis sieben Junge zur Welt. Wenn ein Mäusepaar pro Jahr 10 Würfe hat, alle Jungen überleben und sich ebenfalls fortpflanzen, dann bringt es ein Mäusepärchen in einem Jahr auf eine halbe Million Nachkommen.

Welches ist das größte Nagetier der Erde?

Das größte Nagetier ist das Wasserschwein Brasiliens. Es mißt vom Kopf bis zur Spitze seines Stummelschwanzes über einen Meter und sieht auf den ersten Blick wie ein kleines Flußpferd aus. Wasserschweine sind ausgezeichnete Schwimmer und leben in kleinen Gruppen in der Nähe von Gewässern.

Stachelschweine verströmen einen widerlichen Geruch, wenn sie belästigt werden.

Wie verhält sich das Stachelschwein bei Gefahr?

Das Stachelschwein stellt seine Borsten auf und verströmt einen widerlichen Geruch, um den Gegner abzuschrecken. Wird es weiter bedroht, stürzt es sich rückwärts auf den Feind und rammt ihm die scharfen, nach hinten gekrümmten Stacheln in den Leib. Die Stacheln fallen leicht ab und führen zu unangenehmen Entzündungen, wenn man sie nicht entfernt.

Welches Nagetier hat kein Fell?

Der Nacktmull ist ein sonderbares Säugetier. Ihm fehlt jegliche Körperbehaarung, außerdem lebt er in Kolonien, die eine Königin anführt. Nur diese pflanzt sich fort. Die Tiere verbringen ihr ganzes Leben in großen, unterirdischen Gangsystemen, die sich 3 km weit ausdehnen können. „Arbeiter" versorgen die Kolonie mit Wurzeln und Knollen. Durch diese Lebensweise ist der Nacktmull von äußeren Temperaturschwankungen abgeschirmt und braucht kein Fell.

Wie schnell wachsen die Zähne einer Präriétaschenratte?

Die Präriétaschenratte, ein Nagetier Nordamerikas, lebt in unterirdischen Gängen. Ihre Schneidezähne wachsen, wie bei allen Nagetieren, ständig nach und verlängern sich bis zu 40 cm pro Jahr. Durch Nagen und Kauen werden die Zähne aber auch ständig abgenutzt, so daß sie immer dieselbe Länge behalten.

Warum putzen sich Kaninchen hinter den Ohren?

Beim Putzen lecken Kaninchen ihre Vorderpfoten immer wieder ab und fahren damit anschließend über die Ohren. Dadurch halten sie nicht nur die Ohren sauber, sondern nehmen auch ein Öl auf, das sich an der Ohroberfläche befindet. Dieses Öl spielt bei der Bildung von Vitamin D, das am Knochenwachstum beteiligt ist, eine wichtige Rolle. Hindert man ein Kaninchen am Putzen, wird es rachitisch.

Begehen Lemminge Selbstmord?

Lemminge sind kleine, untersetzte Tiere mit kurzem Schwanz und kleinen Augen. Sie leben in den Gebirgen Skandinaviens. Alle drei bis vier Jahre steigt ihre Zahl drastisch an, worauf Tausende von Lemmingen die Berge auf der Suche nach Futter verlassen. Sie stürzen sich allerdings nicht, wie in alten Erzählungen behauptet wird, kopfüber in den Tod, sobald sie das Meer erreichen. Die Wanderung ist jedoch gefährlich und viele Tiere kommen beim Überqueren von Flüssen und Straßen oder durch Raubtiere ums Leben.

Ein Biber beim Baumfällen

Warum bauen die Biber Dämme?

Biber bauen Dämme, um Seen anzulegen. Sie können so den Wasserspiegel für ihre Baue und Wohnungen künstlich erhöhen. Eine solche, im Wasser gelegene Wohnung ist eine Kuppel aus Schlamm und Ästen und hat drei bis vier Zimmer, wovon jedes mit einem Unterwassereingang versehen ist. Diese Eingänge müssen ausreichend tief unter der Wasseroberfläche liegen, damit sie im Winter nicht einfrieren. Kein anderes, wild lebendes Tier beeinflußt die Landschaft so stark wie der Biber. Seine Dämme können meilenweit zu Überflutungen führen, Bäume und Pflanzen sterben ab und neue Feuchtgebiete entstehen.

Warum gibt es in England mehr Grauhörnchen als Rote Eichhörnchen?

Zu Anfang des 20. Jahrhunderts wurden in England Grauhörnchen aus Nordamerika angesiedelt. Bis dahin kannte man nur das Rote Eichhörnchen. Seit dieser Zeit nahm die Zahl der roten Eichhörnchen ab, da viele Kiefernwälder, in denen sie leben, gefällt und gerodet wurden. Vermutlich konnten sich die Grauhörnchen besser anpassen und haben sich auf diese Weise rasch vermehrt.

Schnitt durch ein von Lemmingen gegrabenes Gangsystem.

Wie fliegen Fledermäuse?

Fledermäuse sind die einzigen Säugetiere, deren vordere Gliedmaßen speziell für den Flug (im Gegensatz zum Gleiten) ausgebildet sind. Zwischen Hals und Handgelenk ist eine dünne Haut quer über die verlängerten Finger bis hin zum Fußknöchel (und oft auch zum Schwanz) gespannt und bildet die Flügel. Aufgefaltet sind sie aerodynamisch geformt. Obwohl Fledermäuse gute Flieger sind, wenn sie sich erst einmal in der Luft befinden, können nur wenige vom Boden aus abheben. Freischwanzfledermäuse lassen sich von der Höhlendecke ihrer Schlafplätze erst mehrere Meter tief fallen, bevor sie losfliegen. Die Vampire springen hoch in die Luft, um aufsteigen zu können.

Fledermausflügel sind ähnlich gebaut wie unsere Hand. Die fünf schwarzen Bereiche entsprechen den Fingern, Unter- und Oberarm sind ebenfalls zu erkennen.

Wie sehen Fledermäuse im Dunkeln?

Fledermäuse orientieren sich im Dunkeln mit Hilfe von Schall, indem sie hochfrequente Schreie ausstoßen und auf deren Echo lauschen. Dieses entsteht dadurch, daß die Töne beim Auftreffen auf ein Hindernis zurückgeworfen werden. Fledermäuse setzen dieses Echo im Gehirn in ein „Tonbild" um und können so sogar winzige Insekten exakt orten.

Welche Fledermäuse verfüttern ihre Milch an die Jungen anderer Fledermäuse?

Die Freischwanzfledermäuse aus Texas und New Mexico versammeln sich in großer Zahl in Höhlen – einige Kolonien bestehen aus über 10 Millionen Fledermäusen! Bei Nacht bleiben die Jungen im Schutz der Schlafplätze. Die zurückgekehrten Weibchen suchen nicht nach ihrem eigenen Nachwuchs, sondern füttern das este Junge, das sie finden.

Welches Säugetier ernährt sich von Blut?

Die Vampir-Fledermaus der Tropen Amerikas lebt vom Blut anderer Tiere und verbringt ungefähr 30 Minuten pro Nacht mit Fressen. Vampire saugen das Blut nicht aus der punktierten Wunde, die ihre Fänge verursachen, sondern lecken es vielmehr aus dem kleinen Schnitt, der durch die rasiermesserscharfen Schneidezähne entsteht. Ihr Speichel hemmt die Gerinnung des Blutes, so daß dieses einfach heraussickert, während das Opfer weiterschläft. Die Blutmenge, die das Opfer verliert, ist zwar im allgemeinen gering, doch besteht das Risiko, daß die Fledermäuse Krankheiten wie die Tollwut übertragen.

Warum haben Blattnasen-Fledermäuse aus Mexiko so lange Beine?

Neben Insekten fängt diese Fledermausart auch Fische. Sie fliegt knapp über der Wasseroberfläche, um darauf mit ihrem Echoortungssystem kleine Wellen oder Veränderungen zu entdecken. Gelegentlich taucht sie dann ihre langen, mit Krallen versehenen Füße ins Wasser und sucht es nach Fischen ab. Wird ein Fisch gefangen, so frißt ihn die Fledermaus noch während des Flugs.

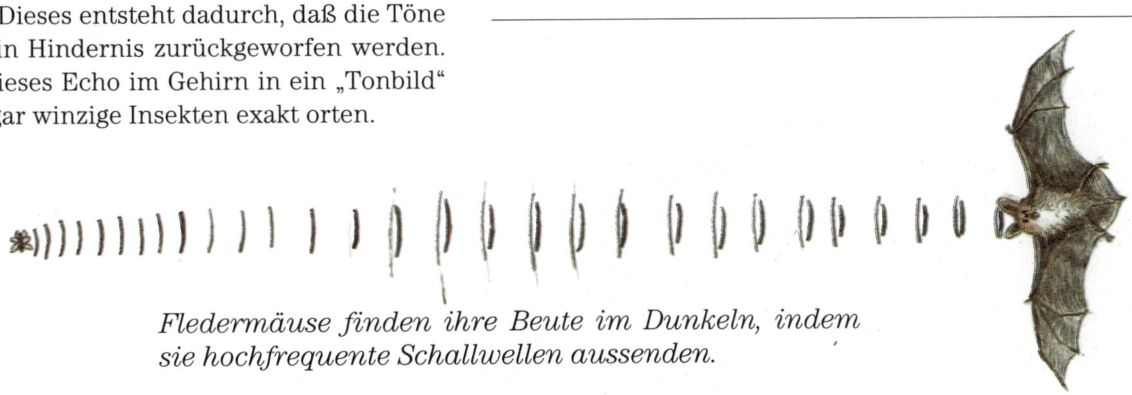

Fledermäuse finden ihre Beute im Dunkeln, indem sie hochfrequente Schallwellen aussenden.

Was sind Insectivoren?

Insectivoren sind Tiere, die Insekten und andere kleine Wirbellose fressen. Igel, Tenreks, Goldmulle, Rattenigel und Spitzmäuse gehören zu den Insektenfressern.

Wie wehrt sich der Rattenigel?

Der südostasiatische Rattenigel ist ein struppig wirkendes Tier mit weißlichem Kopf, schwarzem Körper und langem, geschupptem Schwanz. Ist er aufgeregt oder erschrocken, verströmt er einen unangenehmen, an verfaulte Zwiebeln erinnernden Geruch, der so stark ist, daß er außer ein paar ganz hartnäckigen Angreifern alle andern in die Flucht schlägt.

Welches Säugetier ist giftig?

Eine in Nordamerika beheimatete Kurzschwanz-Spitzmaus ist das einzig bekannte Säugetier mit Giftdrüsen im Maul. Das Gift wird in den Speichel abgegeben und gelangt in die Blutbahn des Opfers, wenn dieses von der Spitzmaus gebissen wird. Mäuse und andere Kleintiere werden sehr schnell gelähmt, aber auch beim Menschen hinterläßt der Biß schmerzhafte Wunden.

Wie hat sich der Maulwurf an das Leben unter der Erde angepaßt?

Meist leben Maulwürfe unterirdisch. Ihre Gänge graben sie mit den schaufelförmigen Klauen der Vorderbeine. Sie können sich rückwärts ebensogut bewegen wie vorwärts und orientieren sich dabei mit Tastborsten an Nase und Schwanz. Die Augen nutzen den Maulwürfen in ihren Gängen recht wenig und sind daher ziemlich klein. Das Fell ist kurz und dicht, damit es in der Erde nicht verfilzt.

Grabender Maulwurf

Ameisenbär

Warum läuft der Große Ameisenbär auf dem Handrücken?

Der Große Ameisenbär läuft auf dem Handrücken, um die langen, scharfen Krallen seiner Vorderbeine zu schützen. Er benötigt diese kräftigen Krallen zum Aufbrechen der Ameisen- und Termitenhügel. Nur so kann er an die Unmengen von Insekten im Innern gelangen. Die Zunge ist mit klebrigem Speichel bedeckt, damit möglichst viele Ameisen daran haften bleiben.

Was ist ein Schuppentier?

Die Schuppentiere sind eigenartig aussehende Ameisenfresser. Wie andere Ameisenfresser haben sie lange Nasen, aber noch längere, klebrige Zungen. Ihr Körper ist dachziegelartig mit großen Hornschuppen bedeckt, so daß sie riesigen Tannenzapfen ähneln. Den langen Schwanz brauchen sie zum Greifen (nur die Baumbewohner) und Balancieren, die kräftigen vorderen Krallen zum Öffnen der Termitenbauten.

Das Schuppentier rollt sich bei Gefahr zusammen.

Meeressäuger

Was fressen Wale?

Man muß zwei Gruppen unterscheiden: Die Zahnwale und die Bartenwale. Zahnwale sind meist kleiner als Bartenwale und ernähren sich von Fischen und Tintenfischen, d.h. auch von Delphinen, Tümmlern oder kleinen Walen. Bartenwale sind die wirklichen Riesen der Ozeane. Sie haben keine Zähne, sondern dreieckige Hornplatten, die Barten, die wie ein riesiges Sieb wirken. Bartenwale ernähren sich von winzigen Krebsen, dem Krill, den sie mit Hilfe der Barten aus dem Wasser filtern.

Wie oft muß ein Wal atmen?

Wale müssen viel seltener atmen als Land-Säugetiere, da sie Sauerstoff in den Muskeln speichern können. Außerdem entleeren sie ihre Lunge sehr viel effektiver als z.B. der Mensch von verbrauchter Luft. Wenn sie auftauchen, wird bis zu 90% der verbrauchten Luft durch die Nasenöffnung oben am Kopf ausgestoßen. Auf diese Weise können die Wale mehr Sauerstoff aufnehmen und bis zu zwei Stunden ohne zu atmen untertauchen.

Wale atmen durch eine Öffnung im Kopf, die unter Wasser fest verschlossen ist.

Wie halten sich Wale im eisigen Wasser warm?

Wale verfügen über eine dicke, isolierende Speckschicht, die ihren Körper im kalten Wasser warm hält. Der Speck ist nicht weich und wabbelig sondern fest und kompakt. Bei manchen Arten wird er bis zu 50 cm dick.

Warum werden Wale so groß?

Diese freundlichen Geschöpfe sind friedfertige Tiere, die ihre Nahrung aus dem Wasser filtern. Daher gibt es für sie keinen Grund, kleiner und somit wendiger und schneller zu sein. Anders als bei Landtieren, deren Knochen unter dem Gewicht brechen würden, wird der schwere Walkörper vom Wasser getragen, so daß es theoretisch keine obere Grenze für die Größe gibt. Außerdem hat es Vorteile groß zu sein. Große Tiere können die Körperwärme besser halten als kleine, da sie im Verhältnis zum Volumen eine kleinere Oberfläche haben. Darüber hinaus werden die meisten Räuber allein durch die Größe abgeschreckt.

Warum „kocht“ ein toter Wal manchmal?

Die Speckschicht isoliert so gut, daß ein toter Wal regelrecht zu kochen beginnt, sobald die Verwesungsprozesse einsetzen und die Innentemperatur ansteigt. Lebende Wale regulieren ihre Körpertemperatur, wenn diese in Folge gesteigerter Aktivität ansteigt, durch eine verstärkte Durchblutung der äußeren Hautschichten.

Buckelwal

Was fressen Mörderwale?

Mörderwale sind nicht wählerisch – sie fressen Fische, Tintenfische, Seelöwen, Robben, Vögel und auch Delphine und Tümmler. Normalerweise jagen sie in Rudeln und greifen furchtlos auch Wale an, die größer sind als sie selbst. Sie sind sehr schnelle Schwimmer und legen beachtliche Entfernungen mit einer Geschwindigkeit von über zehn Kilometer pro Stunde zurück.

Warum singen Buckelwale?

Buckelwale sind die musikalischsten Säugetiere. Ihre Lieder dauern bis zu einer halben Stunde und sind außerordentlich kompliziert. Niemand kennt den tatsächlichen Grund für den Gesang der Buckelwale. Es könnte ein Mittel sein, anderen Artgenossen den Aufenthaltsort mitzuteilen oder der Identifizierung des Sängers dienen. Schall kann sich im Wasse sehr viel besser ausbreiten als in der Luft. Die Lieder der Buckelwale sind über Hunderte von Kilometern zu hören.

Was haben Delphine und Fledermäuse gemeinsam?

Beide bedienen sich der Echoortung, um ihre Beute zu entdecken. Delphine geben sehr schnell hintereinander Töne unterschiedlicher Frequenz von sich und können auf diese Weise nach Auswertung der Echos auch im dunklen Wasser „sehen“. Man nimmt an, daß das Gewebe in ihrer vorgewölbten Stirn dem Empfang der Schallwellen dient.

Was ist ein Dugong?

Der Dugong gehört zu den Seekühen. Seekühe weiden Pflanzen am Meeresboden ab und haben daher ihren Namen. Abgesehen von den Walen sind Seekühe die einzigen Säuger, die ihr ganzes Leben im Meer verbringen. Sie erreichen eine Länge von drei Metern. Dugongs findet man vor allem in den Küstengewässern des Indischen Ozeans und Australiens, doch ging ihre Zahl durch Überjagung stark zurück.

Dugong

Was ist der Unterschied zwischen Seelöwen und Seehunden?

Seelöwen und Seehunde kann man an Land leicht an ihren Flossen und hinteren Extremitäten unterscheiden. Ein Seelöwe kann seine hinteren Gliedmaßen nach vorne biegen und die vorderen beim Umherwatscheln an Land als „Stütze“ benutzen. Die Gliedmaßen des Seehundes sind zu kurz, um an Land von Nutzen zu sein, weshalb er nur „robben“ kann. Außerdem haben Seelöwen äußere Ohren, den Seehunden fehlen diese.

Ein Walroß mit seinen großen Stoßzähnen.

Welche Farbe haben die Neugeborenen der Weißwale?

Die Färbung der Weißwale dient zur Tarnung im arktischen Packeis. Bei der Geburt haben die Jungen eine dunkle, braunrote Tönung. Mit zunehmendem Alter färben sie sich blaugrau. Erst wenn sie mit sechs Jahren erwachsen sind, hat ihre Haut den cremegelben Farbton angenommen.

Warum hat ein Walroß Stoßzähne?

Walrosse gebrauchen ihre Stoßzähne als Eispickel, wenn sie über Eis und Felsen klettern. Die Männchen setzen sie außerdem als Waffe gegen Angreifer oder während der Paarungszeit gegen andere Männchen ein. Darüber hinaus nimmt man an, daß Walrosse damit Muscheln, Schnecken und kleine Krebstiere vom Meeresboden aufwühlen.

Warum ist Seehund-Milch so nahrhaft?

Seehund-Milch ist sehr fetthaltig, damit die Jungen so schnell wie möglich an Gewicht zulegen. Seehunde kommen zur Geburt und zur Aufzucht ihrer Jungen an Land. Während dieser Zeit sind die Jungen den Angriffen von Räubern schutzlos ausgeliefert. Daher ist es sinnvoll, die Zeitspanne, die sie außerhalb des Wassers verbringen, so kurz wie möglich zu halten. Nahrhafte Milch ist eine Möglichkeit dazu.

Leben alle Seehunde im Meer?

Nicht alle Seehunde leben im Meer. Eine Art, und zwar der Baikal-Seehund, lebt im Süßwasser des Baikalsees in Sibirien. Der Baikalsee ist der tiefste See der Erde; die Baikal-Seehunde verbringen die meiste Zeit ihres Lebens im nördlichen Teil des Sees.

Wie groß ist ein See-Elefant?

Der See-Elefant ist die größte Robbe der Erde. Er erreicht eine Länge von sechs Metern bei einem Gewicht von drei Tonnen. Den Namen erhielt er nicht allein wegen seiner Größe, sondern auch wegen des Rüssels, der beim Männchen am Kopf vorsteht.

See-Elefant

Huftiere

Schweine, Schafe und Rinder sind Huftiere.

Was sind Ungulaten?

Ungulaten sind hufetragende, pflanzenfressende Säugetiere, deren Füße zum Laufen auf freiem Boden eingerichtet sind. Sie leben meist in Herden. Man unterscheidet zwei Gruppen von Huftieren: Paarhufer und Unpaarhufer. Die Unpaarhufer tragen an jedem Fuß ein oder drei Zehen, wie z.B. Pferde, Tapire oder Nashörner. Die Paarhufer haben im allgemeinen zwei oder vier Zehen – hierzu gehören Antilopen, Kamele und Schweine.

Warum „wiederkäuen" manche Tiere?

Tiere, die „wiederkäuen", um rohfaserreiche Nahrung zu verdauen, werden Wiederkäuer (*Ruminaten*) genannt. Der Magen eines Wiederkäuers ist ein vierkammriges Organ. Die Nahrung gelangt zunächst direkt in die erste der Kammern, den *Pansen*. Dort wird sie mehrere Stunden von Bakterien aufbereitet, bevor sie ins Maul zurückgestoßen und ein zweitesmal gekaut, also „wiedergekäut" wird. Der dabei entstandene Brei wird nun in den eigentlichen Magen hinuntergeschluckt, wo schließlich die Nährstoffe ins Blut aufgenommen werden. Wiederkäuer sind immer Paarhufer, wie z.B. Antilopen, Hirsche, Giraffen oder Schafe.

Warum weiden Antilopen in großen Herden?

Das offene Gelände, in dem Antilopen weiden, bietet kaum Schutz vor Raubtieren. Deshalb suchen sie sich, wie viele andere weidende Tiere, durch ihre große Zahl zu schützen. Wenn so viele Augenpaare, Ohren und Nasen ständig auf der Hut sind, ist es für ein Raubtier fast unmöglich, überraschend anzugreifen. Zudem kann eine große Zahl von Tieren, die in alle Himmelsrichtungen fliehen, den Angreifer verwirren, so daß die Beute eine höhere Chance hat zu entkommen.

Was ist der Unterschied zwischen einem Horn und einem Geweih?

Der Hauptunterschied besteht darin, daß Hörner dauerhaft sind, Geweihe jedoch jährlich abgeworfen werden. Alle Mitglieder der Hirschfamilie (außer dem chinesischen Wasserreh) tragen ein Geweih, das jeweils am Ende der Paarungszeit abgeworfen wird. Geweihe sind lange, verzweigte Gebilde aus Knochen, Hörner hingegen haben einen knöchernen Kern, der von einem harten Hautgewebe bedeckt ist.

Das Rothirschgeweih ist mit weicher Haut überzogen.

Wozu dienen Hörner und Geweihe?

Hörner und Geweihe dienen nicht so sehr der Verteidigung, wie von vielen Menschen angenommen wird, obwohl sie gelegentlich auch dazu benutzt werden. Ihr Hauptzweck liegt vielmehr darin, das überlegene und damit für die Fortpflanzung geeignete Tier zu ermitteln. Oft verhaken die Männchen in einer Art von Zweikämpfen während der Paarungszeit Hörner oder Geweihe ineinander und kämpfen um das Vorrecht bei der Paarung.

Der Indische Elefant (oben) und der Afrikanische Elefant (unten) sind an ihrer Kopfform leicht zu unterscheiden. Der Afrikanische Elefant hat viel größere Ohren und einen runderen Kopf.

Wie kann man das Ren vom Karibu unterscheiden?

Äußerlich lassen sich Ren und Karibu nicht unterscheiden, da es ein und dieselbe Art ist. Beide variieren in der Farbe von Dunkelbraun bis fast Weiß, beide sammeln sich in riesigen Herden auf den arktischen Tundren. Sie können nur durch ihr Verbreitungsgebiet unterschieden werden: Rentiere leben im nördlichen Europa und Asien, Karibus in Nordamerika.

Welche Antilope läuft auf den Zehenspitzen?

Der Klippspringer. Man könnte dies mit „Felsenspringer" übersetzen, was durchaus passend wäre, da der Klippspringer südlich der Sahara das einzige Tier ist, das so leicht und behende im Felsgelände umherklettert. Dadurch, daß Klippspringer mehr auf der Spitze als auf der Fläche des Hufs auftreten, können sie beinahe senkrechte Felswände erklimmen.

Welcher Unterschied besteht zwischen einem Afrikanischen und einem Indischen Elefanten?

Am meisten fallen die unterschiedlichen Ohren auf. Afrikanische Elefanten haben große Ohren, um ihre Körpertemperatur in der Hitze Afrikas niedrig zu halten. Darüber hinaus kann man den Indischen Elefanten an seinem etwas buckligen Rücken und den kürzeren Stoßzähnen erkennen. Beide Arten wurden wegen ihres Elfenbeins verfolgt und werden auch heute – trotz der Jagdverbote – noch weiter gewildert.

Haben Warzenschweine wirklich Warzen?

Warzenschweine gehören zur Familie der Schweine. Sie weiden in den Savannen Afrikas, durchwühlen aber auch den Boden nach Knollen, Beeren und kleinen Säugetieren. An ihrem großen Kopf tragen sie vier nach unten gebogene Hauer und vier warzenartige Wucherungen (zwei auf jeder Seite), die ihnen den Namen gaben.

Giraffen sind die „höchsten" Tiere.

Wie viele Halswirbel hat eine Giraffe?

Ein Giraffenhals kann über 2,5 Meter lang werden. Wegen dieser außergewöhnlichen Länge vermuten viele Menschen, daß Giraffen mehr Halswirbel als andere Tiere haben. Tatsächlich sind es aber nur sieben – ebenso viele wie bei anderen Säugetieren.

Welches Tier ist am nächsten mit dem Elefanten verwandt?

Es klingt unglaublich, aber die winzigen, nagetierähnlichen Klippschliefer aus Afrika sind die nächsten Verwandten des Elefanten. Die kleinen, untersetzten Tiere mit ihren kurzen Ohren und dem zurückgebildeten Schwanz, sind die einzigen Huftiere, die auf Bäume klettern können. An den Zehen tragen sie anstelle von Krallen abgeflachte Nägel von hufartigem Aussehen. „Saugkissen“ an den Fußsohlen erleichtern das Klettern.

Speichern Kamele in ihren Höckern Wasser?

In ihren Höckern speichern Kamele kein Wasser, sondern Fett. Dieses wird in Notzeiten abgebaut und liefert dann Energie und Wasser. Überhaupt sind Kamele bestens an das Leben in der Wüste angepaßt. Überschüssige Körperwärme können sie leicht abgeben, da alles Fett in den Höckern gespeichert und der übrige Körper frei davon ist. Auch ihre Füße sind speziell fürs Gehen im Sand eingerichtet. Die beiden Zehen der Füße sind besonders breit und verhindern so ein Einsinken.

Warum gähnen Flußpferde?

Flußpferde gähnen nicht vor Müdigkeit, sondern als Warnung an andere Flußpferde. Die Männchen sind in der Paarungszeit sehr agressiv. Beim Gähnen zeigen sie ihre riesigen Zähne, mit denen sie den Gegner schwer verletzen können. Flußpferde verbringen die meiste Zeit im Wasser, wobei nur noch Augen, Ohren und Nase herausschauen. In der Dämmerung kommen sie zum Fressen ans Ufer.

Sind Weiße Nashörner heller als Schwarze Nashörner?

Das Weiße Nashorn ist in Wirklichkeit nicht heller als das Schwarze Nashorn – sein Name leitet sich vermutlich von einem Wort ab, das in Africaans „wide“ also „breit“ bedeutet und auf das breite Maul dieser Nashörner hinweist. Weiße Nashörner sind nach den Elefanten die zweitgrößten Landtiere. Trotz ihres grimmigen Aussehens, sind es recht ruhige Tiere, die bevorzugt Gras fressen. Schwarze Nashörner sind kleiner, weniger gesellig und bevorzugen Laub und Sprossen.

Dromedare an einer Wasserstelle.

Welches ist die größte lebende Hirschart?

Der Elch, im Norden Kanadas, Europas und Asiens beheimatet, ist mit über drei Metern Höhe die größte Hirschart. Er trägt ein breites, abgeflachtes Geweih, am Hals hängt ein Hautsack herab. Außerhalb der Paarungszeit sind Elche Einzelgänger. Auf der Suche nach Wasserpflanzen waten sie gerne in Flüssen und Seen.

Flußpferde verbringen einen Großteil des Tages im Wasser.

Fleischfresser

Wie jagen Löwen ihre Beute?

Löwen sind die einzigen Katzen, die in Gruppen oder *Rudeln* leben und jagen. Im allgemeinen jagen nur die Löwinnen. Sie sind geschmeidiger und behender als die Männchen mit ihren schweren Körpern und zottigen Mähnen. Meist pirschen sich mehrere Weibchen an eine Gruppe von Beutetieren (Antilopen, Gazellen oder Weißschwanzgnus) heran und umzingeln sie. Vor dem Angriff schleichen sie sich so nah wie möglich an. Getötet wird mit einem Biß in den Nacken oder Hals. Ist die Beute erlegt, bahnen sich die Männchen einen Weg durch die Löwinnen, um ihren Anteil zu fordern.

Löwe und (oben rechts) Löwinnen

Wer ist der schnellste Jäger?

Das schnellste Säugetier ist der Gepard. Mit seinen langen Beinen und dem schlanken, geschmeidigen Körper erreicht er über 100 km pro Stunde. Er hält dieses Tempo allerdings nur auf Kurzstrecken, für ausgedehnte Jagden fehlt ihm das Durchhaltevermögen. Gejagt werden Hasen, kleine Antilopen und Vögel.

Der Gepard ist das schnellste Landtier.

Warum sind Hyänen so erfolgreiche Jäger?

Hyänen sind die erfolgreichsten Jäger der Savannen Afrikas. Allerdings nicht wegen ihrer Schnelligkeit – sie erreichen kaum mehr als 65 km pro Stunde -, sondern wegen ihres Gemeinschaftssinns. Hyänen jagen nachts in Meuten und verständigen sich durch ein reichhaltiges Vokabular von heulenden Schreien und brüllendem Gelächter. Sie reißen Tiere, die größer sind als sie selbst, wie Zebras und Antilopen. Dazu hetzen sie die Beute so lange, bis diese zusammenbricht. Mit Ausnahme des Schädels werden alle Teile des Kadavers von der Meute verschlungen.

Warum hat der Fennek so große Ohren?

Die kleinste Fuchsart, der Fennek, ist in der Sahara beheimatet und hat im Verhältnis zur Körpergröße von allen Fleischfressern die größten Ohen. Zum einen kann er damit kleinste Geräusche von Beutetieren, die im Dunkeln umherlaufen, wahrnehmen. Zum anderen gibt er über die Ohren alle überschüssige Wärme ab.

Sind Haushunde mit dem Wolf verwandt?

Die meisten Wissenschaftler gehen davon aus, daß alle bekannten Hunderassen von nur einer Wildform, dem gewöhnlichen Wolf Europas und Asiens, abstammen. Möglich, aber wenig wahrscheinlich ist, daß auch andere Wildformen, z.B. der Schakal, einen Anteil an der Entstehung des heutigen Hundes haben. Die ältesten Hundefossilien fand man in Europa und dem Mittleren Osten; sie sind ca. 9 000 bis 11 000 Jahre alt. Vermutlich wurden Hunde schon viel früher domestiziert.

Warum hat der Tiger ein gestreiftes Fell?

Tiger sind die größte Großkatzenart. Sie jagen als Einzeltiere in der Dämmerung. Durch ihr gestreiftes Fell sind sie beim Anschleichen an die Beute – meist Hirsche, Wildrinder und Schweine – gegen das Gras und Buschwerk gut getarnt. Sie fallen die Beute oft an, wenn diese zum Trinken an ein Wasserloch kommt, und töten sie durch Aufreißen des Halses.

Ein gut getarnter Tiger

Warum blicken Erdmännchen ständig zum Himmel?

Erdmännchen gehören zu den Mangusten. Sie sind graubraun, oberseits schwarz gebändert und leben in Sippen in den südafrikanischen Savannen. Dort bewohnen sie unterirdische Gänge und Höhlen. Einen Großteil des Tages sitzen die Erdmännchen aufgerichtet auf ihrem Gesäß und starren in den Himmel, wobei sie ständig Ausschau nach Habichten und Adlern halten. Sobald einer dieser Vögel gesichtet wird, gibt es Großalarm. Die ganze Sippe erstarrt und beobachtet gebannt den Vogel. Beim kleinsten Anzeichen eines Angriffs verschwinden sie kopfüber in ihren Gängen.

Wie unterscheiden sich Puma, Berglöwe und Kunguar?

Überhaupt nicht – es handelt sich hierbei um verschiedene Namen des meist als Puma bezeichneten Tiers. Diese große Katze gleicht mit ihrem gelbbraunen Fell mitunter einer Löwin und hat auch deren Größe. Der Puma tritt vom Westen Kanadas bis in die südliche Hälfte Südamerikas auf. Er ist ein sehr athletisches Tier und springt bis zu 6 m weit.

Puma

Wie sehr stinkt ein Skunk?

Der Skunk selbst stinkt nicht. Die Flüssigkeit jedoch, die er aus den Afterdrüsen ausstößt, ist so widerwärtig, daß sie dem Opfer augenblicklich den Atem nimmt. Der Skunk verläßt sich voll auf seine Abwehrwaffe und zieht in der Dämmerung auf der Suche nach Beute (Insekten, Kleintiere und Beeren) ganz unverfroren, ohne Deckung umher. Seine auffällige, schwarzweiße Zeichnung sowie das Aufstellen des Schwanzes sind ein Warnsignal für mögliche Angreifer.

Warum hängt der Leopard seine Beute auf einen Baum?

Leoparden sind Gelegenheitsjäger und ernähren sich von beinahe allen Tierarten, so auch von Affen, Schlangen oder Hausrindern. Große Beutetiere, wie z.B. eine Gazelle oder Antilope, werden auf einen Baum geschleppt und in die Äste gehängt, um andere Fleischfresser davon fernzuhalten. Sogar den Geiern fällt es schwer, einem Leoparden den Fang abzujagen, wenn er seine Beute im Baum in Sicherheit bringt.

Warum vergräbt ein Hund immer wieder Knochen?

In freier Wildbahn heben Füchse und Hunde alles übriggebliebene Futter auf. Ein Rotfuchs, der mehr getötet hat als er fressen kann, vergräbt den Rest, um ihn später, wenn er hungrig ist, wieder hervorzuholen. Die Angewohnheit unserer Haushunde, Knochen zu vergraben, ist eine triebhafte Handlung, die sie von ihren Vorfahren geerbt haben.

Wer ist der Gefräßigste unter den Fleischfressern?

Diesen zweifelhaften Ruf hat der Vielfraß aus Skandinavien und Nordamerika. Er hat einen gewaltigen Appetit, ist außerordentlich stark und greift oft Tiere an, die größer sind als er selbst.

Der Vielfraß tötet oft sogar Tiere, die er nicht frißt.

Warum ähnelt der Erdwolf einer Streifenhyäne?

Beide haben einen fliehenden Rücken, spitze Ohren und eine dichte Rückenmähne, durch die sie bei gesträubten Haaren größer wirken, als sie tatsächlich sind. Aber während die Hyäne mit scharfen Zähnen und kräftigen Klauen ausgestattet ist, besitzt der Erdwolf, seinem Speisezettel (Termiten) entsprechend, ein vergleichsweise schwaches Gebiß und kleine Zähne. Er hat daher gute Gründe, das Aussehen der Hyäne nachzuahmen. Große Raubtiere, wie z.B. Leoparden, halten ihn auf diese Weise für einen schwierigeren Gegner als er in Wirklichkeit ist und greifen deshalb nicht an.

Sind alle Braunbären braun?

Große Bären, wie der Grizzly, sind nicht immer braun. Es treten hier vom Gelbbraun bis fast zum Schwarz alle Farbtöne auf. Diese großen, kräftigen Tiere nehmen eine sehr abwechslungsreiche Kost – Insekten, Pflanzen, Fische und Kleinsäuger – zu sich. Im Herbst fressen sie sich für den bevorstehenden Winterschlaf aus Beeren und Früchten ein Fettpolster an.

Wie findet der Honigdachs den Honig?

Der stämmige, in Afrika und Südasien beheimatete Honigdachs, hat eine extrem harte Haut, die ihn vor Bienenstichen schützt. Honig ist das Leibgericht des Honigdachses, weshalb er zum Honiganzeiger, einem kleinen Vogel, eine besondere Beziehung entwickelt hat. Findet der Honiganzeiger einen Bienenstock, läßt er einen charakteristischen Ruf erklingen, der das Interesse des Honigdachses auf diese Stelle lenkt. Der Honigdachs folgt ihm, bricht den Stock mit seinen kräftigen Vorderbeinen auf und beide Partner lassen sich den Honig schmecken.

Warum ist eine Katzenzunge rauh?

Katzen können mit ihre rauhen Zunge kleine Fleischbröckchen von den Knochen abraspeln oder damit die Haare erlegter Tiere entfenen. Außerdem ist die rauhe Zunge eine nützliche Putzhilfe, die die Katzen regelmäßig gebrauchen, wenn sie ihr Fell pflegen.

Der Braunbär

Primaten

Drei verschiedene Affenarten: Nasenaffe (links), Wollaffe (mitte), Roter Guereza (rechts)

Was sind Primaten?

Primaten sind die am höchsten entwickelten Säugetiere: Sie verfügen über ein großes Gehirn, ein ausgeprägtes Hör-, Tast- und Sehvermögen sowie ein gewöhnliches Skelett mit jeweils fünf Zehen/Fingern am Ende der Gliedmaße.

Wie viele Arten von Primaten gibt es?

Zu den Primaten rechnet man 179 Arten, die in zwei Gruppen eingeteilt werden: die Halbaffen oder primitiven Primaten, wie die Lemuren, das Aye-Aye oder das Buschbaby, und die höheren Primaten, zu denen Tieraffen, Menschenaffen und der Mensch gehören.

Worin unterscheiden sich Tieraffen und Menschenaffen?

Der Hauptunterschied zwischen Tier- und Menschenaffen besteht darin, daß Menschenaffen (Orang Utan, Gorilla, Schimpanse und Gibbon) keinen Schwanz mehr besitzen. Beide laufen noch auf allen Vieren, doch nehmen Menschenaffen eher eine aufrechte Haltung an als Tieraffen.

Wie haben sich Tieraffen dem Leben auf den Bäumen angepaßt?

Als Baumbewohner haben Tieraffen stets nach vorn gerichtete Augen (wodurch sie Entfernungen abschätzen können) und an den langen Armen Hände zum Greifen. Tieraffen können leicht von Baum zu Baum wandern, ohne herunterzuklettern. Dabei bewegen sie sich in den Baumkronen schnell und behend, schwingen sich von Ast zu Ast oder klettern im dichten Blätterdach direkt auf den nächsten Baum.

Welches ist der schnellste Affe der Welt?

Der Patasaffe, der in den trockenen Savannen Zentralafrikas lebt. Da Bäume in diesen Steppen rar sind und weit auseinander stehen, muß der Patasaffe schnell laufen können, um einer Gefahr zu entkommen – er kann ja nicht wie andere Affen einfach auf den nächsten Baum klettern. Über kurze Distanzen erreicht er dabei bis zu 55 Kilometer pro Stunde.

Wie intelligent sind Menschenaffen?

Menschenaffen sind hochintelligente Tiere. In der Wildnis benutzen sie Stöcke als Werkzeug, um Termiten aus dem Nest zu angeln, in Gefangenschaft erlernen sie leicht einfache Tricks. Einigen Schimpansen brachte man sogar eine Zeichensprache bei.

Sind Gorillas gefährlich?

Nur wenigen Tieren wird so viel Falsches nachgesagt wie dem Gorilla. Trotz seiner großen, massigen Gestalt ist er ein ruhiges, friedliches Tier, das (mit Ausnahme des Menschen) kaum Feinde hat. Gorillas leben in kleinen Familien in den Regenwäldern Zentralafrikas und ernähren sich von den im Überfluß vorhandenen Blättern, Halmen und Beeren. Fühlt sich ein Männchen gestört oder bedroht, steht es auf und trommelt auf seine Brust – schlägt eventuell auch einmal nach dem Störenfried – aber viel an diesem Gehabe ist Bluff, und so kommt es selten zum Kampf.

Welche Affen leben am liebsten am Boden?

Paviane verbringen fast den ganzen Tag am Boden, ständig auf der Suche nach Futter. Sie leben, je nach Art, in Trupps von 20 bis 200 Tieren. Die meisten Paviane sind Allesfresser und lassen sich eine Mischkost aus Früchten, Samen, Blättern, Wurzeln, Insekten und kleinen Säugetieren schmecken. Zum Schlafen suchen sie nachts die Bäume auf.

Paviane verbringen fast den ganzen Tag am Boden.

Gorilla

Wo schlafen Schimpansen in der Nacht?

Schimpansen suchen zum Schlafen den Schutz der Bäume. Jeden Abend bauen sie sich an einem sicheren Platz in der Baumkrone oder in einer kräftigen Astgabel ein Schlafnest, wozu aus Zweigen eine weiche Matratze angefertigt wird. Das ganze Unternehmen dauert kaum länger als fünf Minuten. Nur Weibchen mit Neugeborenen verwenden mehr Zeit, um ein stabileres Nest zu bauen.

Wozu braucht der Katta seinen Schwanz?

Kattas aus Madagaskar haben wundervoll schwarzweiß geringelte Schwänze, die sie, wenn sie auf alle Vieren am Boden laufen, wie ein Banner emporhalten. Sie verbringen viel Zeit in Gemeinschaft, wo der Schwanz ein ausgezeichnetes Verständigungsmittel ist. Kattamännchen verwenden den Schwanz außerdem, um einander zu imponieren. Konkurrierende Männchen bestreichen ihren Schwanz mit einem duftenden Sekret aus Drüsen der Oberarme und schwingen ihn dann so über den Rücken, daß der Duft auf eine recht aufdringliche Art und Weise vor ihnen herschwebt.

LEBENSRÄUME DER TIERE

Polarregionen

Wie viele Pinguine fängt ein Eisbär pro Jahr?

Keinen! Eisbären leben in der Arktis, Pinguine in der Antarktis. Sie treffen daher nie aufeinander.

Wie groß ist das kleinste Landtier der Antarktis?

Es mißt ganze 12 Millimeter und ist eine flugunfähige Mücke. Wegen der niedrigen Temperaturen und des nur spärlich vorhandenen Pflanzenwuchses leben in der Antarktis kaum Landtiere. Die meisten davon sind winzige Wirbellose – zu klein, um sie ohne Mikroskop erkennen zu können. An Gliederfüßlern gibt es nur 12 Arten, auf den anderen Kontinenten hingegen einige Millionen.

Wo verbringt der Kaiserpinguin den Winter?

Weibliche Kaiserpinguine verbringen den Winter mit Jagen am Meer. Die Männchen halten hingegen die beiden schlimmsten Wintermonate auf dem antarktischen Eis aus. Die Temperaturen betragen im Durchschnitt -20° C, der Wind kann Geschwindigkeiten von 200 Kilometer pro Stunde erreichen. In dieser Zeit herrscht ständige Dunkelheit und es gibt keinerlei Futter.

Warum zögern Adelie-Pinguine beim Sprung ins Wasser?

Adelie-Pinguine verharren oft noch am Ufer, aus Angst, von einem der gefräßigen Seeleoparden geschnappt zu werden. Dieser stromlinienförmige Räuber der südlichen Eismeere ist darauf spezialisiert, Pinguine beim Verlassen des Eises zu fangen.

Warum gefrieren die Polartiere nicht, wenn die Temperaturen unter 0° C fallen?

Ihr Körper enthält Substanzen, insbesondere *Glyzerin*, die ähnlich wirken, wie das Frostschutzmittel beim Auto, welches ein Gefrieren des Kühlwassers verhindert. Glyzerin hemmt die Kristallbildung im Wasser, so daß dies auch bei sehr tiefen Temperaturen nicht gefrieren kann. Um an den Polen überleben zu können, haben viele Tierarten, angefangen bei Fischen bis hin zu den Insekten, solche Frostschutzmittel entwickelt. Gleichwarme Tiere wie Seehunde und Eisbären halten sich durch Verbrennen von Fettreserven warm.

Seehunde haben eine dicke Fettschicht, die sie vor dem eisigen Meerwasser schützt.

Wie oft fliegen Pinguine?

Pinguine können nicht fliegen! Ihre Flügel sind an das Leben im Wasser so hervorragend angepaßt, daß sie sich zum Fliegen nicht mehr eignen. Pinguine sind elegante Schwimmer und benutzen ihre Flügel wie die Riemen eines Ruderbootes.

Warum stehen Pinguine immer aufrecht?

Damit die Beine im Wasser als Steuer wirkungsvoll zu gebrauchen sind, setzen sie sehr weit hinten am Körper an. Im Gegensatz zu einem Sperling oder einem Rotkehlchen muß sich der Pinguin daher an Land steil aufrichten.

Wie tief taucht ein Pinguin?

Vom Kaiserpinguin weiß man, daß er über 250 Meter taucht.

Was fressen Krabbenfresser?

Keine Krabben! Wie viele Tiere der Antarktis fressen diese Robben Krill – winzige Krebstierchen, die in ungeheurer Menge in antarktischen Gewässern vorkommen. Die Krabbenfresser haben spezielle, fünfzackige Zähne, die zusammen wie ein Sieb wirken. Sie füllen ihr Maul zunächst mit krillhaltigem Wasser und spucken es dann durch die Zähne wieder auf, so daß der Krill darin hängen bleibt. Auch Pinguine oder Bartenwale ernähren sich vom Krill.

Wie sah die Antarktis vor 70 Millionen Jahren aus?

Erstaunlich, aber in der Antarktis war es warm. Wälder bedeckten das Land und viele Tiere wie z.B. die Vorfahren der australischen Beuteltiere lebten dort. Die Antarktis war damals noch mit Südamerika auf der einen und Australien auf der anderen Seite verbunden. Als diese Kontinente sich abtrennten und das Klima kälter wurde, verwandelte sich die Antarktis in eine Eiswüste. Die Erinnerung an die warme Vergangenheit liegt in Fossilien bewahrt unter dem Eis.

1

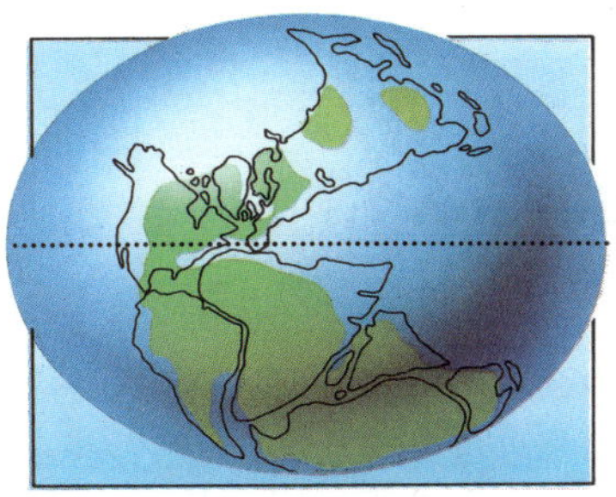

2

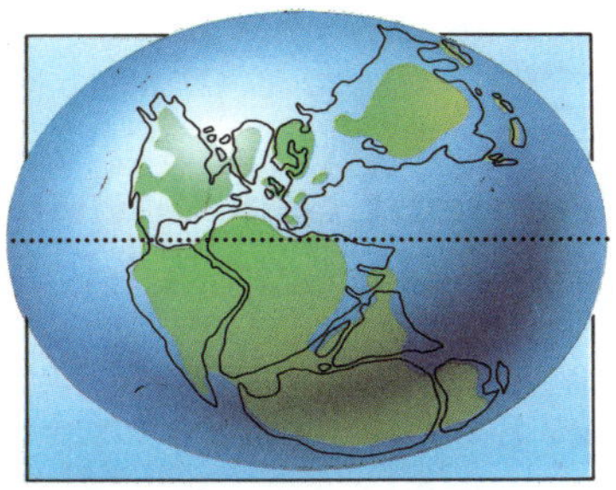

3

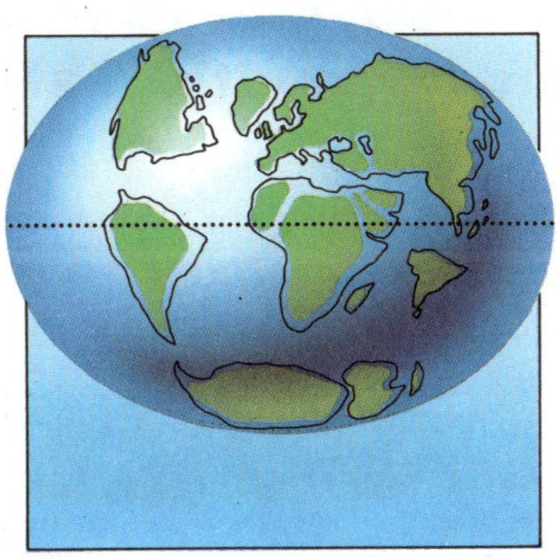

Die Erde vor 400 (1), 100 (2) und 60 (3) Millionen Jahren

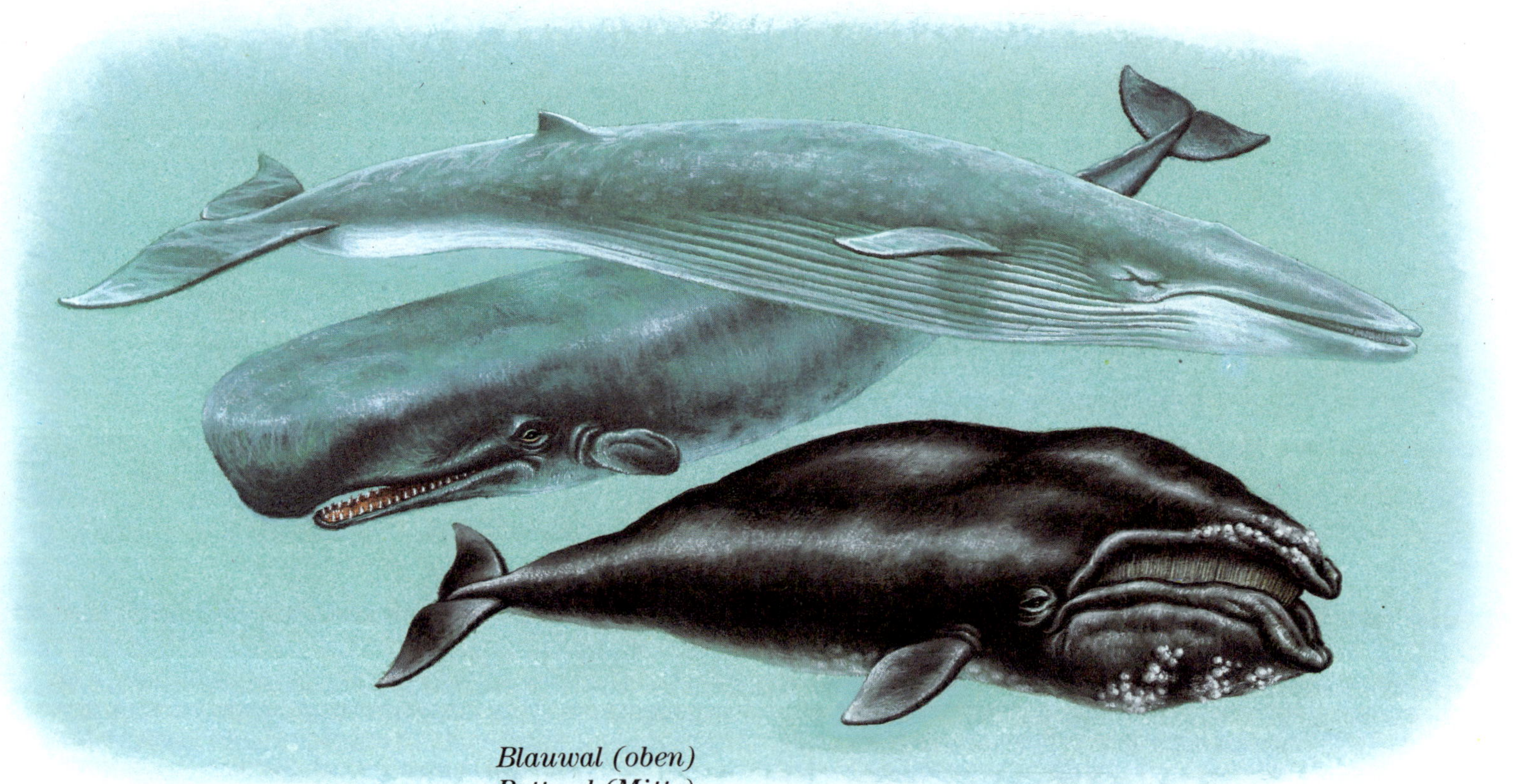

Blauwal (oben)
Pottwal (Mitte)
Glattwal (unten)

Welche Seevögel sind vollkommen weiß?

Viele Seevögel haben ein überwiegend weißes Gefieder, doch nur die Elfenbeinmöwe, die Eismöwe und die Feenseeschwalbe sind vollkommen weiß.

Wo lebt der Vogel, der am schnellsten schwimmt?

In der Antarktis und im Südatlantik. Der Rekordhalter ist der Esels-Pinguin, der beim Schwimmen eine Geschwindigkeit von 43 km pro Stunde erreicht.

Warum gibt es in der Arktis weit mehr Landtiere als in der Antarktis?

Weil die Arktis über Landbrücken und im Winter durch das Eis mit weiter im Süden gelegenen Landmassen (Alaska, Grönland, Sibirien) in Verbindung steht. Diese Verbindungen ermöglichen den Tieren ein Vor- und Zurückweichen; im Winter südwärts unter den Polarkreis, im Sommer zurück in die Arktis. Wenn die Tiere im Winter nicht südwärts wandern könnten, hätten sie auch in der Arktis keine Überlebenschance.

Warum haben Wale kein Fell?

Weil es den Widerstand erhöht und die Tiere beim Schwimmen dadurch abgebremst werden. Wenn du in Kleidern schwimmst, ergeht es dir ähnlich.

Welches Tier frißt vom Eis der Antarktis?

Weddell-Robben verbringen den antarktischen Winter unter den Eisschollen. Ihre Atemlöcher halten sie dadurch offen, daß sie vom Rand das Eis abknabbern. Weddell-Robben leben weiter im Süden als irgendein anderes Säugetier – den Menschen ausgenommen. Oft werden ihre Zähne mürbe, was zur Folge hat, daß sie früh sterben – im Durchschnitt werden sie nur halb so alt wie andere große Robben.

Was ist die Tundra?

Die Tundra ist eine aus kleinen, meist verkrüppelten Pflanzen bestehende Vegetationsform, die an die eisbedeckten Regionen der Arktis grenzt. Die obere Bodenschicht taut im Sommer auf, darunter ist der Boden ständig gefroren. Das Wasser kann somit nicht versickern, weshalb die Oberfläche im Sommer mit Pfützen bedeckt ist. Millionen fliegender Insekten legen hier ihre Eier ab und liefern Nahrung für zahlreiche Vögel, z.B. Enten, Gänse oder Stelzvögel, die im Sommer von weit herkommen, um in der Tundra zu brüten.

Gebirge

Warum haben Chinchillas so ein dichtes Fell?

Chinchillas sind große Nagetiere, die noch in 7000 Meter Höhe in den Anden Südamerikas leben. Ihr dichtes Haarkleid schützt sie vor der extremen Kälte, die in diesen Höhen herrscht. Indios aus Südamerika stellten aus den dichten Fellen warme Winterkleider her, die von den ersten, in Südamerika gelandeten Siedlern nachgemacht wurden. Schon bald darauf waren Chinchillafelle in Europa so begehrt, daß die Zahl der Tiere drastisch zurück ging. Erst seit etwa 1930 steigt sie wieder an, da Chinchillas nun in Gefangenschaft gezüchtet werden. Dieses robuste Tier kann seinen gesamten Flüssigkeitsbedarf allein durch Auflecken von Tau decken.

Was ist ein Lämmergeier?

Ein großer, eindrucksvoller Raubvogel, der zu den Altweltgeiern gehört. Er bewohnt Bergregionen in Afrika, Indien, Tibet und Südeuropa. Der Lämmergeier ernährt sich von Aas, wobei er oftmals von Kadavern frißt, die andere Geier übriglassen. Als Vogel der Bergregionen sind seine Beine dicht mit Federn besetzt.

Welcher Specht sieht nie einen Baum?

Der Goldspecht der Anden. Er lebt oberhalb der Baumgrenze und ernährt sich von Insekten, die er am Boden findet.

Wie kann man ein Wildschaf von einer Wildziege unterscheiden?

Wildschafe tragen meist gekrümmte, stumpfe Hörner, die bei den Männchen von beachtlicher Größe sein können. Die Hörner der Wildziegen sind hingegen kurz und spitz und bei beiden Geschlechtern gleich groß. Ziegen sind an ein Leben in kahlem, felsigem Gelände angepaßt. Sie fliehen bei Gefahr in schwieriges Felsterrain, in das ihnen der Angreifer nicht folgen kann. Die meisten Schafarten sind Bewohner der Ebenen.

Welches ist der größte Raubvogel?

Der Kondor. Dieser geierartige Vogel trägt am kahlen Kopf über dem Schnabel einen sonderbar flachen Kamm, der wie eine in die Augen gerutschte Baskenmütze aussieht. Meist leben die Kondore weit oben im Gebirge, doch es gibt auch einige, die die Klippen am Meer bevorzugen.

Was ist ein Stummelschwanz?

Der Stummelschwanz ist ein großes Nagetier mit einer massigen, gedrungenen Gestalt und einem nur ansatzweise vorhandenen Schwanz. Er bewohnt Erdbaue und lebt als scheuer Einzelgänger in den feuchten Wäldern des Nordwestens der USA.

Warum leben so viele Ziegenarten im Gebirge?

Ziegen sind gut an das Leben im Gebirge angepaßt. Ihre Hufe greifen ausgezeichnet im Fels, weshalb sie auch noch an den steilsten Berghängen klettern können. Vor der Kälte schützt sie ihr dichtes Fell. Darüber hinaus sind sie sehr genügsam und fressen, wenn das Futter knapp wird, beinahe alles.

Bergziegen, wie der Steinbock, klettern mit ihren spitz zulaufenden Hufen auch an steilen Abhängen.

Warum leben Adler oder andere Raubvögel oft im Gebirge?

Raubvögel trifft man in fast jedem Lebensraum an, die Bergwelt scheinen sie jedoch aus verschiedenen Gründen zu bevorzugen. Viele nutzen beim Fliegen die hier herrschenden Aufwinde. Das Fehlen der Bäume und die spärliche Vegetation erleichtern die Nahrungssuche, da Beutetiere so am Boden leichter erspäht werden können. Außerdem werden die Raubvögel im Gebirge vom Menschen weniger gejagt und gestört.

Adler

Welche Insekten leben über der Schneefallgrenze und was fressen sie?

Die Grylloblattoiden, eine sonderbare Gruppe von Insekten, die wahrscheinlich das „fehlende Glied“ zwischen den Schaben und den Grillen darstellen. Grylloblattoiden ernähren sich von toten oder sterbenden Insekten, die von tiefer gelegenen Berghängen durch Luftströmungen nach oben getragen und auf dem Schnee abgelagert werden.

Was ist ein Mauerläufer?

Ein grauer Vogel mit roten Flügeln, den man an Felswänden der Gebirge Europas und Asiens antrifft. Bei der Futtersuche hält er sich eng an die Felswand und schreitet langsam aufwärts, wobei er alle Winkel und Ritzen nach Insekten absucht. Oben angekommen, fliegt er erneut zu Boden, um sich in einem anderen Felsenbereich wiederum hoch zu arbeiten. Der Mauerläufer ist mit dem Kleiber verwandt, der Baumstämme und Äste auf ähnliche Weise nach Insekten absucht.

Wälder des Nordens

Wo findet man Spannerraupen?

Man muß sehr viel Glück haben, um eine Spannerraupe auf einem Baum oder im Gebüsch zu entdecken. Diese Raupen sind so vorzüglich als kleine Zweige getarnt, daß sie nur sehr schwer zu entdecken sind, wenn sie sich nicht gerade bewegen. Braun, knorrig und wie ein Ast gemustert, wird die Tarnung dadurch noch verstärkt, daß sie sich von einem Zweig aus unbeweglich frei in der Luft halten.

Warum klopft der Specht?

Dafür gibt es mehrere Gründe: Spechte leben von Insekten, die sich im Holz und unter der Borke verkriechen. Sie nisten in Baumhöhlen, die sie aus dem Stamm meißeln, falls sie keine passende Höhle vorfinden. Manche Spechte trommeln auch mit dem Schnabel gegen den Stamm, um eine Partnerin anzulocken. Der Rotkopfspecht bohrt in Telegraphenstangen und Bäume Hunderte kleiner Löcher, in denen er jeweils eine Eichel als Futtervorrat deponiert.

Rotkopfspecht

Grünspecht

Wo findet der Grünspecht sein Futter?

Am Boden. Er frißt vor allem Ameisen, sucht aber auch im Holz nach versteckten Insekten. Grünspechte nutzen die Bäume auch gern, um von oben nach Ameisenhügeln Ausschau zu halten. Wie die anderen Spechte, nistet auch der Grünspecht in Bäumen.

Welcher Vogel kann mit seinem Schnabel Tannenzapfen öffnen?

Der so treffend benannte Kreuzschnabel. Nur wenige andere Vögel können die harten Schuppen eines Zapfens aufbrechen, um an die Samen zu gelangen. Beim Kreuzschnabel kreuzen sich die beiden an der Spitze gebogenen Schnabelhälften. Er steckt den Schnabel zwischen die Schuppen eines Zapfens, bewegt die untere Schnabelhälfte zur Seite und dreht gleichzeitig den Kopf. Dadurch zerreißt die Schuppe in zwei Hälften und der Vogel kann den Samen hervorholen.

Warum haben die Saftsauger den falschen Namen?

Weil sie den Saft nicht *aufsaugen*, sondern mit ihrer Zunge auflecken. Saftsauger sind zwei ungewöhnliche Spechtarten Nord- und Mittelamerikas. Im Frühjahr, wenn der Saft in den Bäumen wieder verstärkt aufsteigt, hämmern die Spechte Löcher in die Stämme von Laubbäumen (z.B. Apfel, Ahorn). Aus diesen Löchern sickert nun ständig Saft und die Saftsauger kehren immer wieder zurück, um davon zu trinken. Dabei picken sie gleich noch Insekten mit auf, die ebenfalls vom Saft angelockt werden.

Wo nisten Waldbaumläufer?

Unter der Baumrinde. Sie suchen nach loser Rinde und zwängen sich dahinter, um eine Spalte für ihr winziges Nest zu schaffen.

Welche Tiere leben tatsächlich innerhalb eines Blattes?

Insektenlarven, die als Blattminierer bekannt sind. Hierzu gehören auch verschiedene Motten und Fliegen, die ihre Eier in den Blättern bestimmter Bäume ablegen. Die Larven bewegen sich im Blatt und fressen einen Gang aus, der auf der Blattoberfläche als helle, wellige Linie zu sehen ist.

Wie kam der Schneeschuhhase zu seinem Namen?

Den Namen erhielt er wegen seiner großen, dicht mit Fell besetzten Füße. Sie funktionieren wie Schneeschuhe, so daß der Hase im Winter nicht in den tiefen Schneewehen versinkt. Schneeschuhhasen leben in den Nadelwäldern Alaskas und im Norden Kanadas, d.h. in Gegenden, wo die Winter lang und kalt sind.

Schneeschuhhase

Steppen

Warum findet man Geier häufig in Steppen?

Weil sie sich von Kadavern großer Tiere ernähren, die sie in der Steppe, wo der Boden aus der Luft zu erkennen ist, leichter finden als im Wald oder Buschgelände. Geier und Kondore (die die gleiche Lebensweise haben) findet man aber auch im Gebirge oder am Rande von Wüsten. Hier können sie hoch in den Himmel aufsteigen, um nach ihrem nächsten Mahl Ausschau zu halten.

Geier

Warum haben Geier einen nackten Kopf?

Weil sie beim Fressen den Kopf oft tief in den Kadaver stecken, um an das weiche Fleisch im Innern zu gelangen. Danach ist ihr Kopf blutverschmiert. Ohne Federn läßt er sich viel leichter reinigen.

Welcher Vogel nistet in den verlassenen Gängen der Präriehunde?

Die Kanincheneule, eine kleine Eule von maximal 25 cm Größe. Die Eulen teilen die Gänge jedoch nicht mit den Präriehunden, sondern übernehmen deren verlassene Baue. Mitunter bewohnen aber mehrere Eulen zusammen einen großen Bau. Die Kanincheneulen haben lange Beine und sind selbst ausgezeichnete Höhlengräber. Oft vergrößern sie die Gänge noch nach ihren Bedürfnissen und höhlen sich einen Nistplatz aus.

Was fressen Madenhacker?

Sie befreien das Großwild, wie Büffel und Nashörner, das in den Savannen Afrikas weidet, von Zecken und anderen lästigen Parasiten. Da sie den Säugetieren von Nutzen sind, werden sie geduldet und können in Ruhe fressen. Mitunter picken die Madenhacker aber auch in Wunden oder entzündeten Stellen und schaden den Tieren dadurch eher, als daß sie nützen, da sie die Wunden für Infektionen neu öffenen.

Was für ein Tier ist der Präriehund?

Er gehört zu den Nagetieren und ist mit den Ratten und Mäusen verwandt. Präriehunde leben in großen, unterirdischen Kolonien, die aus mehreren Tausend Tieren bestehen können. Diese Kolonien durchlöchern den Boden wie einen Schweizer Käse. Den Namen erhielten sie wegen ihrer spitzen, kläffenden Rufe.

Präriehunde leben gemeinsam in großen, unterirdischen Tunnelsystemen.

Welches große Steppentier ist ein „lebendes Fossil"?

Die Gabelantilope aus Nordamerika, die merkwürdig verzweigte Hörner hat. Ihre Name ist irreführend, denn sie gehört nicht zu den Antilopen, die unverzweigte Hörner tragen. Außerdem wirft sie jedes Jahr die Hörner ab, was für Antilopen ebenfalls untypisch ist. Genausowenig gehört sie aber zu den Hirschen, sondern ist Mitglied einer altertümlichen Familie, die vor 10 Millionen Jahren fast vollständig ausgestorben ist.

Der nächste Verwandte der Gabelantilopen ist ein ausgestorbener Vorfahre aus prähistorischen Zeiten.

Worin gleichen sich Strauß und Nandu?

Beides sind flugunfähige, schnelle, langbeinige Laufvögel, die in offenen Steppen – jedoch auf verschiedenen Kontinenten – leben. Der Strauß ist ein Vogel aus Südafrika, während der Nandu aus Südamerika stammt. Es ist kein Zufall, daß sie in ähnlicher Umgebung leben. Wo es keine Bäume gibt, ist Fliegen nur von geringem Nutzen und so laufen diese großen Vögel bei Gefahr statt dessen davon.

Wo findet man wilde Hamster?

In den trockenen Steppen Asiens und des Mittleren Ostens. Da das Futter in diesen Gebieten oft knapp wird, haben Hamster in ihren Backen Vorratstaschen entwickelt. Finden sie einen Platz mit reichem Angebot an Pflanzensamen, so füllen sie ihre Backen und tragen die Samen als Vorrat in ihren Bau.

Was ist eine Boomslang?

Eine Boomslang ist eine giftige Baumschlange der Savannen Afrikas. Ihre gefurchten Fangzähne, durch die das Gift fließt, liegen im hinteren Mundbereich.

Welches Tier der Steppen bringt Junge zur Welt, die fast so groß sind wie es selbst?

Die Tsetse-Fliege der Savannen Afrikas. Sie trägt bis zum Schlüpfen ein einziges Ei in ihrem Körper und bringt dann eine dicke, beinlose, weiße Larve zur Welt, die fast so groß ist wie ihr eigener Körper.

Können Rinder und Pferde Gras verdauen?

Nur mit fremder Hilfe. Gras besteht wie andere Pflanzen hauptsächlich aus einer harten Substanz, der *Zellulose*. Zellulose läßt sich schwer verdauen und nur wenige Tiere sind dazu in der Lage. Der Mensch kann es nicht und wird daher von Lebensmitteln wie Salat oder Kohl auch nicht dick. Tiere, die wie Rinder oder Pferde Gras fressen, tragen besonder Bakterien in sich, die die Zellulose verdauen können. Diese Bakterien verdauen das Gras und wandeln es für die Rinder und Pferde in wertvolle Nahrung um. Dasselbe trifft auch für alle wildlebenden Steppentiere zu, z.B. Antilopen, Hirsche, Giraffen, Nashörner oder Zebras. Manche Tiere, wie Rinder und Hirsche, tragen die Bakterien im Magen, bei anderen, wie den Zebras und Pferden, leben die Bakterien im Darm.

Wie kam die Pantherschildkröte zu ihrem Namen?

Auf alle Fälle nicht durch Schnelligkeit und grimmiges Aussehen, sondern weil ihr gelbschwarz gesprenkelter Panzer wie ein Pantherfell gemustert ist. Die Pantherschildkröte ist damit in den trockenen Savannen Afrikas bestens getarnt. Als Vegetarier lebt sie von Gras, Blättern und Früchten. Diese Kost enthält wenig Kalzium, das Schildkröten als Härtemittel für ihren Panzer brauchen. Um ausreichend Kalzium zu erhalten, nagen sie daher an alten, trockenen Knochen.

Welcher südamerikanische Wolf hat ungewöhnlich lange Beine?

Die langen Beine des Mähnenwolfs verleihen ihm ein elegantes Aussehen. Als scheues Nachttier lebt er vor allem von Insekten, Kleinsäugern und Früchten.

Welcher Vogel wird zum Gefangenen im eigenen Nest?

Das Weibchen des Nashornvogels. Es mauert sich mit Lehm, den das Männchen sammelt, in seinem Nest ein. Nashornvögel, die alle diese Angewohnheit haben, findet man vor allem in den bewaldeten Savannen Afrikas. Das Männchen füttert Partnerin und Junge durch einen Schlitz, der in der Lehmwand belassen wurde. Während der Gefangenschaft mausert sich das Weibchen; es hat dann keine Federn. Diese wachsen bis zum Zeitpunkt, an dem es aus dem Nest ausbricht, wieder nach. Die Jungen verschließen das Nest von neuem und werden nun von beiden Eltern noch solange gefüttert, bis sie das Nest verlassen können. Als Gefangener in seinem Nest ist der Nashornvogel mitsamt seinen Jungen vor Räubern geschützt.

Was haben Flamingo und Blauwal gemeinsam?

Beide fangen ihre Beute, indem sie sie aus dem Wasser filtern. Beim Blauwal bilden verlängerte Zähne – die Barten – eine Art Sieb. Der Flamingo trägt in seinem großen Schnabel einen ähnlich gebauten Seihapparat. Beide ernähren sich von winzigen Krebstierchen, die im Wasser in großer Zahl vorkommen.

Nashornvögel

Wie viele Bisons bevölkerten einst die Prärien Nordamerikas?

Niemand weiß genau, wie viele dieser prächtigen Tiere einst auf den Pärien weideten – manche Schätzungen liegen bei 30 Millionen, andere gehen sogar vom Doppelten aus. Das sinnlose Abschlachten durch weiße Siedler im 19. Jahrhundert brachte den Bison an den Rand des Untergangs.

Was ist eine Zorilla?

Das afrikanische Gegenstück zum Skunk. Sie ist groß, glänzend und wunderbar schwarzweiß gemustert, mit einem schönen, buschigen Schwanz. Wie der Skunk entwickelt die Zorilla einen widerwärtigen Geruch, um Feinde abzuschrecken. Zorillas leben in den Savannen Afrikas und ernähren sich von Kleinsäugern, Eidechsen, Vogeleiern und Insekten.

Bedrohte Zorillas verströmen einen widerlichen Geruch.

Wüsten

Sind Kitfuchs und Fennek verwandt?

Obwohl diese großohrigen Füchse einander ähneln und ähnliche Lebensgewohnheiten haben, sind sie nicht miteinander verwandt. Der Kitfuchs bewohnt die Wüsten Nordamerikas, der Fennek die Trockengebiete im Norden Afrikas. Beide schlafen tagsüber in ihren Höhlen und kommen nur nachts hervor, um Nagetiere, Insekten, Vögel und Eidechsen zu jagen. Die beiden sind ein gutes Beispiel der parallelen Evolution, wonach zwei nicht verwandte Tierarten unter gleichen Bedingungen gleiche Merkmale ausbilden.

Wo nistet der Elfenkauz?

In den Stämmen großer Kakteen. Diese winzige Eule lebt in den Wüsten Mexikos und im Süden der USA. Während der Paarungszeit sucht der Elfenkauz nach Löchern in Kakteen, in denen er sein Nest bauen kann.

Wo lebt der Dornteufel?

In den Wüsten Australiens. Der Dornteufel ist eine außerordentlich stachlige Echse, die sich ihre Feinde durch eine dornenbedeckte Haut vom Leibe hält.

Auf welche Weise haben sich Rennmäuse an das Leben in der Wüste angepaßt?

Rennmäuse sind Nagetiere, die in Asien und Afrika leben und ausgezeichnet an das Leben in der Wüste angepaßt sind. Um der Sonnenglut zu entgehen, halten sie sich tagsüber in ihren Höhlen auf. Mit einsetzender Dämmerung beginnt die Suche nach Samen. Sie kommen mit relativ wenig Futter aus und vermindern die Wasserverluste des Körpers sehr wirkungsvoll. Ihre Nieren scheiden hochkonzentrierten Harn aus, ihre Nasenknochen sind so gebaut, daß sich der Wasserdampf der ausgeatmeten Luft daran niederschlägt. Sie haben lange Hinterbeine, damit der Körper möglichst weit vom heißen Sand entfernt ist und ihre Fußsohlen sind druch dicke Fellpolster geschützt.

Was ist ein Sandfisch?

Eine Echsenart, die in den Wüsten Saudiarabiens lebt. Sie wird Sandfisch genannt, da sie sich mit Schwimmbewegungen unterhalb der Sandoberfläche fortbewegt. Der Sandfisch frißt im Sand lebende Insekten.

Warum haben Nagetiere der Wüste einen weißen Bauch?

Um die vom Sand abgestrahlte Hitze reflektieren zu können. Rennmäuse, Wüstenspringmäuse sowie Känguruhmäuse besitzen dieses Merkmal.

Tautropfen an den Stacheln sind für den Dornteufel eine wertvolle Wasserquelle.

Welches Tier hat Augenlider, die es als Sonnenschirm benutzt?

Eine kleine Echse, die in den unfruchtbaren Salzpfannen des Eyresees in Südaustralien zu finden ist. Dort brennt die Sonne ohne Unterlaß auf die glänzende, weiße Fläche und die Temperatur erreicht mitunter über 60° C. Die Lider dieser Echse stehen waagerecht hervor und beschatten die Augen wie ein Sonnenschirm.

Können Frösche in der Wüste leben?

Es überrascht, aber sie können es. In vielen Wüstenregionen gibt es Frösche, die die meiste Zeit tief unter der Erdoberfläche in einer Art Schlaf oder Scheintod verbringen. Um die Körperfeuchtigkeit zu bewahren, umgeben sie sich mit einer wasserdichten Hülle oder einem Kokon aus Schlick. Wüstenfrösche erwachen nur aus ihrem Schlaf, wenn es regnet, um sich zu paaren und zu laichen.

Woher stammen die Wellensittiche?

Wilde Wellensittiche leben in den dünn besiedelten Gebieten Australiens, wo unter günstigen Voraussetzungen ganze Schwärme dieser hübschen Vögel anzutreffen sind. Obwohl man diesen Käfigvogel in vielen verschiedenen Farben kaufen kann, sind die wilden Wellensittiche fast immer grün.

Warum ist der Goldmull blind?

Weil dieses in der Namibwüste Südafrikas lebende Tier unterirdisch im Sand jagt und selten an die Oberfläche kommt. Augen sind empfindlich und könnten durch den Sand leicht verletzt werden. Da sie unter der Erde sowieso wenig nutzen, gingen sie im Laufe der Entwicklung verloren. Statt dessen hat der Goldmull einen hervorragenden Tastsinn und ein sehr feines Wahrnehmungsvermögen für Erschütterungen.

Wie überlebt die Känguruhmaus, ohne zu trinken?

Die Nieren dieser amerikanischen Wüstenmaus arbeiten so effektiv, daß sie nie trinken muß. Die benötigte Flüssigkeit wird den Samen entzogen, die sie frißt.

Welche Vögel transportieren in ihrem Bauchgefieder Wasser?

Die Flughühner – Vögel, die in den Steppen- und Wüstenregionen Afrikas und des Mittleren Ostens leben. Die Männchen können in besonderen Brustfedern Wasser aufnehmen. Trockene Federn sind „aufgespult“; nasse Federn öffnen sich, dehnen sich aus und saugen sich dann wie ein Schwamm mit Wasser voll. Auf diese Weise transportieren die Männchen Wasser zu ihren Jungen.

Flughuhn

Inseln

Warum leben auf Inseln oft viele flugunfähige Vögel?

Weil es auf Inseln, die weit draußen im Meer liegen, selten große Säugetiere gibt. Diese Inseln entstanden durch Vulkane und waren zunächst nicht von Tieren bevölkert. Die einzigen Tiere, die dort hinfanden, konnten entweder fliegen oder eine lange Seereise auf einem Baumstamm überstehen. Daher gibt es dort keine großen Raubtiere, die diesen Vögeln nachstellen. So verloren sie ihr Flugvermögen, ohne dadurch gefährdet zu sein. Viele der flugunfähigen Vögel entwickelten andere Abwehrmechanismen, wie z.B. kraftvolle Beine zum Laufen und Treten.

Skelett des flugunfähigen Riesen-Moa aus Neuseeland, heute ausgestorben.

Warum ist die Dronte ausgestorben?

Weil sie zahm und zutraulich zu Menschen war. Seefahrer konnten die Vögel leicht töten und ihre Fleischvorräte damit auffüllen. Vermutlich starb die Dronte als Folge davon aus. Zutraulichkeit trifft man bei Vögeln von Inseln oft an, da sie sich nicht neben räuberischen Säugetieren entwickelten und keine Feinde hatten, bevor der Mensch kam.

Wo leben Lemuren?

Nur auf Madagaskar. Lemuren sind eine altertümliche Tierart und mit den Tier- und Menschenaffen verwandt. Sie sind nicht so intelligent wie Tieraffen und starben fast überall aus, als diese sich entwickelten und in ihre Lebensräume vordrangen. Nur auf Madagaskar konnten die Lemuren überleben, da die Tieraffen diese Insel nie erreichten.

Wo findet man fleischfressende Papageien?

Nur in Neuseeland. Die fleischfressenden Papageien, Kea genannt, haben einen scharfen, hakenförmigen Schnabel und leben in offenem Gelände. Der Kea ist nur einer der sonderbaren Vögel Neuseelands. Obwohl Neuseeland und Australien nahe beieinander liegen, konnte die Insel wegen tückischer Meeresströmungen nicht von Säugetieren besiedelt werden, sieht man von den Fledermäusen einmal ab. In Abwesenheit der Säugetiere entwickelten sich ungewöhnliche Vogelarten. So entstanden z.B. flugunfähige Riesen, wie der heute ausgestorbene Moa, aber auch kleine, flugunfähige Arten, wie der Kiwi.

Katta-Lemuren

Der Tenrek, ein primitives, insektenfressendes Säugetier

Was sind Tenreks?

Eine Gruppe kleiner Säugetiere, die nur auf Madagaskar und den Komoren vorkommt. Sie umfaßt 30 Arten, wovon manche den Spitzmäusen, andere den Igeln verblüffend ähneln. Sie ernähren sich alle von Insekten oder anderen Wirbellosen und füllen damit eine Lücke, die sonst von Insektenfressern eingenommen wird. Tenreks sind ziemlich primitive Säugetiere und zeigen noch Merkmale der Reptilien, von denen die Säugetiere abstammen.

Warum waren die Galapagosinseln für Charles Darwin so wichtig?

Weil Inseln weit draußen im Meer, wie die Galapagosinseln, ein „Evolutionsexperiment“ darstellen. Nur wenige Tiere können sie erreichen, so daß die Evolution hier einen eigenen Verlauf nimmt. Tiere wie die Darwinfinken oder die Galapagos-Schildkröten waren für Darwin Beispiele der Evolutionswirkung.

Wo gibt es Fliegen in Schmetterlingsgröße oder Grillen von der Größe einer Maus?

In Neuseeland, der Heimat vieler eigenartiger Tiere. Da dort, abgesehen von Fledermäusen, keine einheimischen Säugetiere auftraten, entwickelten sich andere Tiere in ungewöhnlicher Weise. So gibt es z.B. eine Grille, die bis zu 10 cm lang und 80 g schwer werden kann. Sie frißt Blätter und Insekten und nimmt den Platz von Mäusen und Spitzmäusen ein. Über die 5 cm lange, mit großen schmetterlingsartigen Flügeln ausgestattete Riesenfliege ist wenig bekannt.

Warum gibt es in Irland keine Schlangen?

Während der Eiszeit bedeckten Gletscher große Teile Irlands. Die Südküste war eisfrei, aber für ein Überleben von Schlangen zu kalt. Mit dem Ende der Eiszeit wanderten die Schlangen in Europa nordwärts. Sie erreichten zwar noch England, bevor es durch den steigenden Meeresspiegel von Frankreich getrennt wurde, kamen jedoch nicht mehr bis Irland.

Wo findet man flugunfähige Rallen?

Auf vielen Inseln, wie Neuseeland, Neuguinea, der Laysan-Insel, Aldabra, der Insel Inaccessible der Tristan-da-Cunha-Gruppe oder den Gough-Inseln. Von allen inselbewohnenden Rallen ist ein Viertel flugunfähig. Offenbar entwickeln sie leicht flugunfähige Formen. Dies geschieht durch den Vorgang der *Neotenie*, bei dem die Rallen geschlechtlich reifen, ohne daß der Körper „erwachsen“ wird.

Auf welchen Inseln, außer den Galapagosinseln, gibt es Riesenschildkröten?

Auf Aldabra im Indischen Ozean. Riesenschildkröten gab es früher auch auf anderen Inseln des Indischen Ozeans, doch wurden sie schon vor langer Zeit von Seefahrern, die Jagd auf sie machten, ausgerottet.

Tropische Wälder

Welches Waldtier hat fünf Beine?

Keines. Doch weil der Spinnenaffe Südamerikas seinen Schwanz beim Klettern in den Bäumen äußerst geschickt benutzt, sagt man, er hätte ein „fünftes Bein". Wenn er den Schwanz um einen Ast schlingt, kann er damit das gesamte Körpergewicht halten. Er hängt dann kopfüber, schwingt sich hin und her und greift mit den Pfoten beispielsweise nach Futter. An der Schwanzunterseite findet man einen rauhen, lederartigen Fleck, der beim Greifen den sicheren Halt gibt.

Der Spinnenaffe bewegt sich mühelos durch die Baumwipfel.

Welche Kaulquappen wachsen in einer Pflanze auf?

Verschiedene Baumfrösche des Amazonasgebietes benutzen eine bestimmte Pflanzenart, die Bromelien, als Kinderstube. Bromelien wachsen hoch oben auf den Bäumen. Ihre kreisförmig angeordneten Blätter bilden eine becherförmige Vertiefung, in der sich Regenwasser sammeln kann. Die Froscheltern bewachen ihre Eier auf dem feuchten Waldboden oder tragen sie bis zum Schlüpfen bei sich. Nach dem Schlüpfen transportieren sie die Kaulquappen dann zu den Bromelien.

Welchem Vogel fällt es wegen seiner langen Schwanzfedern schwer zu brüten?

Dem Quetzal aus Mittelamerika. Das Männchen trägt Schwanzfedern, die mit über 60 cm Länge doppelt so lang sind wie der ganz Körper. Die Eier werden in Baumhöhlen, z.B. in verlassene Spechthöhlen, gelegt. Beim Brüten sitzt das Männchen mit dem Kopf am Nesteingang auf den Eiern und biegt die Schwanzfedern so über den Körper, daß sie aus dem Eingang herausragen. Gegen Ende der Brutzeit sind die Federn ziemlich zerzaust und werden erneuert.

Warum hat der Tukan einen so großen, leuchtend gefärbten Schnabel?

Die genauen Gründe sind unbekannt, doch scheint der Schnabel auf manche Weise hilfreich zu sein. Die Länge ermöglicht dem Tukan, auch Früchte zu erreichen, die am Ende eines Astes hängen. Beim Plündern fremder Nester läßt ihn der riesige, grelle Schnabel scheinbar so gefährlich erscheinen, daß Altvögel erst gar nicht versuchen, ihn zu vertreiben.

Was für ein Tier ist der Flughund?

Eine große Fledermaus, die in der Dämmerung auf die Suche nach Früchten geht. Es gibt über 170 Flughundarten. Sie haben große Augen und eine lange Schnauze. Dieses hundeartige Gesicht trug ihnen den Namen „Flughund" ein. Beim Fliegen orientieren sie sich mit den Augen und ihrem Geruchssinn. Flughunde kommen auf der Inselwelt des Pazifiks, in Asien, Afrika und Australien vor.

Flughunde sind große Fledermäuse, die von Früchten leben. Ihre „Flügel", von langen Fingern unterstützt, haben eine Spannweite von 1,5 m.

Wo leuchten nachts die Bäume?

In Teilen Südostasiens, wo die männlichen Glühwürmchen sich auf bestimmten Bäumen sammeln, um Botschaften an die Weibchen auszusenden. Diese Massenansammlungen senden gemeinsam Licht aus und können so auch weit entfernte Weibchen anlocken.

Was fressen Schimpansen und Gorillas?

Gorillas sind trotz ihrer Größe vor allem Vegetarier. Ihre Nahrung besteht aus Blättern, Rinde und einigen Beeren. Schimpansen haben eine abwechlungsreichere Kost. Sie fressen Blätter, Früchte, Insekten, Vogeleier und jagen auch andere Tiere, wie junge Affen oder Buschschweine.

Schimpanse

Wessen Name bedeutet „Alter Mann des Waldes"?

Der Name der Orang-Utans auf Sumatra und Borneo. Erwachsene Männchen wirken durch ihre tiefen, fast schwarzen Falten im Gesicht und die rostbraunen Fellfransen, die einem Bart gleichen, alt und ehrwürdig.

Orang-Utan

Dreizehenfaultier

Welches Tier ist durch Algen, die in seinem Fell wachsen, getarnt?

Das Dreizehenfaultier, denn es hält sein Fell nicht so peinlich sauber, wie andere Säugetiere. Die äußeren Haare weisen eine gefurchte Oberfläche auf und in diesen Rillen können die Algen (einzellige Pflanzen) wachsen. Sie lassen das Fell grünlich erscheinen. Wenn das Faultier nun bewegungslos im Geäst hängt (was es gewöhnlich macht), den Kopf zwischen die Arme geklemmt, sieht es fast wie eine Flechte oder ein Moospolster aus, die manchmal auf den Bäumen wachsen, und ist so vor Raubtieren geschützt.

Was ist ein Linsang?

Ein geschmeidiges Tier, ähnlich einer langen, dünnen Katze, aber mit sehr kurzen Beinen und einer spitzen Schnauze. Linsangs leben im Geäst der Tropenwälder und fressen Insekten, junge Vögel und Früchte. Der Afrikanische Linsang ist wunderbar gelblich gefärbt und trägt am Körper dunkelbraune Flecken, am Schwanz viele braune Streifen. Andere Linsangarten sind ähnlich gefärbt, jedoch eher gestreift als gefleckt.

Wie fängt die Teufelsblume ihre Beute?

Indem sie sich als Blüte ausgibt und Insekten fängt, die auf der Suche nach Nektar sind. Diese Mantiden haben sorgfältig getarnte Beine, die verlängert und abgeflacht den anmutigen Formen von Blütenblättern ähneln. Sitzen die Mantiden auf Blüten entsprechender Form, so sind sie fast unsichtbar.

Was ist ein Goliath-Vogelfalter?

Ein riesiger Schmetterling aus den Wäldern Neuguineas, dessen Flügel eine Spannweite von 21 cm erreichen. Das Männchen trägt ein prachtvolles, schwarz und metallischgrün glänzendes Kleid, das Weibchen ist nur unscheinbar gefärbt. Trotz seines Namens ist dieser Riese nicht der größte Schmetterling. Ein naher Verwandter, der Queen-Alexandra-Vogelfalter, hat eine Spannweite von 28 cm.

Goliath-Vogelfalter

Fliegen fliegende Lemuren?

Nein, sie sind aber perfekte Gleitflieger. Ein Riesengleiter hat breit gespannte Flughäute, die den Hals mit den Vorderbeinen, die Vorderbeine mit den Hinterbeinen und die Hinterbeine mit dem langen Schwanz verbinden. Beim Gleiten, mit aufgespannter Flughaut, ähnelt er eher einem Drachen als einem Tier. Ein Riesengleiter ist nur entfernt mit den echten Lemuren verwandt und gleitet zwischen den Bäumen bis zu 135 m weit. Er klettert gut, kann sich aber nicht mehr am Boden bewegen, da er zu stark an das Gleiten angepaßt ist.

Welches sind die lautesten Tiere in den Wäldern am Amazonas?

Die Brüllaffen, von denen in den Wäldern Süd- und Mittelamerikas sechs verschiedene Arten leben. Ihr Schrei ist auch im dichtesten Dschungel noch in einer Entfernung von über einem Kilometer zu hören. Dieser ohrenbetäubende Lärm entsteht dadurch, daß sie Luft durch ihren vergrößerten, hohlen Kehlkopf pressen. Männchen sind wegen des größeren Zungenbeins noch lauter als Weibchen.

Wie viele Tierarten leben in den Regenwäldern?

Die Schätzungen schwanken zwischen 2 und über 20 Millionen. Alle Vogel- und Säugetierarten sind vermutlich bekannt, ebenso wie die meisten Bäume, Reptilien und Amphibien. Aber die Insekten kann man nur schätzen, indem man ermittelt, wie viele Einzelexemplare sich auf jeder Baumart aufhalten.

Was ist an den Wander- und Treiberameisen ungewöhnlich?

Im Gegensatz zu anderen Ameisen bauen sie kein festes Nest, sondern ziehen umher, wobei sie in regelmäßigen Abständen Halt machen. Die Wanderameisen bilden dann mit ihren Leibern vorübergehend ein Nest, in das die Königin ihre Eier legt. Sind sie auf Wanderschaft, fressen die Wanderameisen alles und jeden. Nur wenige Tiere überleben im Unterholz des Stückchen Regenwaldes, den die Ameisen passieren, und es kann Wochen oder Monate dauern, bis sich die Tierwelt dort wieder erholt hat.

Wo findet man den einzigen nachtaktiven Affen, den es gibt?

In den Regenwäldern Südamerikas. Dieser kleine Affe wird einfach Nachtaffe genannt. Im Gegensatz zu anderen Nachttieren, kann er Farben erkennen, sich aber in mondlosen Nächten nur schwer orientieren.

Warum folgen die Ameisenvögel den Kolonnen der Wanderameisen?

Weil sie auf diese Weise an ihr Futter gelangen. Wanderameisen sind unersättliche Geschöpfe, die alles, was ihnen in den Weg kommt, fressen. Einige Insekten, wie Schaben und Spinnen, sind groß oder schnell genug, um den vorrückenden Ameisen zu entfliehen. Dabei werden sie dann aber vom Ameisenvogel geschnappt.

Eine Wanderameisenkolonne

Küsten

Was fressen Sandwürmer?

Sie fressen Sand, den sie mit organischem Material anreichern. Dazu graben sie eine U-förmige Röhre und pumpen die im Wasser enthaltenen, organischen Partikel durch einen Sandpfropfen der einen Röhrenhälfte. Der Sand wird als geringeltes Kothäufchen ausgeschieden.

Weibliche und männliche Löffelente

Wie frißt eine Löffelente?

Die etwa mittelgroße Löffelente lebt in Süßwassermarschen und breiten Flußmündungen Europas. Sie hat als einzige einen riesigen, spatelförmigen Schnabel, den sie wie einen Löffel dazu benutzt, winzige Pflanzen und Tiere aus dem Wasser zu filtern. Die Löffelente nistet in Ufernähe in gepolsterten Mulden.

Wo nisten die Dreizehenmöwen?

Dreizehenmöwen verbringen die meiste Zeit auf den Ozeanen der nördlichen Hemisphäre. An Land wagen sie sich nur zum Brüten. Dann finden sie sich in riesigen Vogelkolonien zusammen und nisten oft neben Trottellummen auf sehr schroffen Felsen. Dreizehenmöwen bauen aus Gras, Tang und Guano (Vogelkot) seitlich hochgezogene Nester und kleben sie mit Schlick an die Klippen. Die Eltern teilen sich das Brutgeschäft.

Was ist eine Wendeltreppe?

Die Wendeltreppe ist eine wunderschöne Meeresschnecke, die an manchen Stränden angespült wird. Ihren Namen verdankt sie der gedrehten Form ihres Schneckenhauses.

Eine Schildkröte kehrt nach der Eiablage im Sand ins Meer zurück.

Was ist ein Sterngucker?

Ein Fisch, dessen große, aufwärtsblickende Augen immer in den Himmel zu starren scheinen. Da die Augen oben am Kopf liegen, kann sich der Sterngucker ganz im sandigen Meeresboden eingraben. Auf diese Weise getarnt, lauert er kleineren Fischen auf und lähmt sie durch einen leichten Elektroschock. Dafür hat er spezielle Organe, die dicht hinter den Augen liegen.

Welche Verbindung besteht zwischen den Ringelgänsen und den Entenmuscheln?

Keine – abgesehen von den Vorstellungen, die man im Mittelalter hatte. Da Gänse an europäischen Küsten nur im Winter anzutreffen sind, wußte niemand, wo sie ihre Eier legen. Am Strand – nahe den Gänsen – fand man aber am Treibholz langstielige „Entenmuscheln". Für einen phantasievollen Geist sehen diese wie beinlose, auf dem Kopf stehende Gänse aus. So entstand die Vorstellung, diese „Entenmuscheln" seien Embryonen der Gänse, die auf Bäume gebrütet werden, dann ins Wasser fallen und sich dort zu erwachsenen Gänsen entwickeln.

Was ist ein Scherenschnabel?

Ein Vogel, der auf ungewöhnliche Weise Fische fängt. Seine untere Schnabelhälfte ist weit länger als die obere. Beim Fischen fliegt er mit geöffnetem Schnabel knapp über der Wasserfläche und teilt mit der unteren Schnabelhälfte die Fluten. Sobald er einen Fisch fühlt, wird der Schnabel einfach zugeklappt.

Welches ist das einzige bekannte Meeresinsekt?

Die einzigen Insekten, die Kontakt mit dem Meer haben, sind Springschwänze. Allerdings leben sie nicht direkt im Meer, sondern in Felsmulden oder kleinen Gezeitentümpeln. Ihr Körper ist mit einer Unmasse feiner Härchen bedeckt und dadurch von einer Lufthülle umgeben. Werden die Springschwänze von der Flut weggespült, können sie mit Hilfe dieses eingeschlossenen Luftvorrates bis zu fünf Tage überleben.

Was ist ein Schildigel?

Ein mit goldbraunen Stacheln bedeckter Seeigel. Er gräbt sich im Meeresboden ein und schabt den organischen Belag von den Sandkörnern. Im englischsprachigen Raum heißt dieses Tier auch Seekartoffel, weil die leeren, stachellosen Schalen, die von diesen Tieren übrigbleiben, an eine Kartoffel erinnern.

Ist der Seehase ein Säugetier?

Nein, er gehört zu den Schnecken und wird maximal 20 cm groß. Die meist braune Färbung und die beiden langen Fühler am Kopf, die ein wenig an Hasenohren erinnern, gaben ihm seinen Namen. Seehasen leben zwischen Tang und Algen im unteren Uferbereich.

Was ist am Schlammspringer ungewöhnlich?

Dieser sonderbare, kleine Fisch lebt in Küstengewässern und Mangrovensümpfen der Tropen Afrikas. Bei Ebbe bleiben die Schlammspringer auf dem trockenen Schlick zurück, um kleine Beutetiere zu jagen. Sie können recht gut „laufen“ und sogar Mangrovenwurzeln erklimmen. Dabei benutzen sie ihre Brustflossen als „Bein“ und schnellen sich damit vorwärts.

Trinken Delphine Salzwasser?

Ja, denn ihre Nieren können das Salz sehr gut ausfiltern und im Urin konzentrieren. Der Genuß von Salzwasser führt daher bei Delphinen nicht, wie beim Menschen, zum Tode.

Wie kam der Krummschnabel zu seinem Namen?

Durch den seltsam nach einer Seite gekrümmten Schnabel. Krummschnäbel suchen am Strand nach Nahrung, wobei sie mit ihrem dafür bestens ausgebildeten Schnabel Steine umdrehen und die kleinen wirbellosen Tiere darunter hervorholen.

Ein farbenprächtiger Seehase

Warum atmet die Pfeffermuschel durch lange Röhren?

Weil sie sich, wie viele andere Muscheln, im Sand eingräbt, wo es nur wenig Sauerstoff gibt. Sie hat daher zwei lange Röhren, die bis zum Meeresboden hinauf reichen. Duch eine der Röhren wird Wasser eingesaugt, um daraus Nahrungspartikelchen und Sauerstoff herauszufiltern. Die andere Röhre befördert das „Abwasser“ wieder zurück an die Oberfläche.

Ozeane

Wo leben Plattfische?

Am sandigen oder kiesigen Meeresboden, wo sie durch ihre flache Körperform und ihr Tüpfelmuster bestens getarnt sind.

Was für ein Tier ist der Sandbutt?

Ein Plattfisch, den man an der Ostküste Nordamerikas findet. Bei Fischern ist er nicht sonderlich beliebt, da er so dünn ist, daß es sich kaum lohnt, ihn zu essen.

Was sind Lederschildkröten?

Lederschildkröten unterscheiden sich von den übrigen Schildkröten daduch, daß ihr Panzer nicht aus Hornplatten, sondern aus einer glatten, lederartigen Haut besteht. Der weiche Panzer ist eine Folge der mangelhaften Kalziumversorgung (Kalk), denn sie ernähren sich von Quallen, die es in den Meeren der Tropen im Überfluß gibt. Unter den Lederschildkröten findet man die größten, heute lebenden Schildkröten.

Eine Schildkröte verläßt das Ei. Eier der Lederschildkröte haben eine weiche, lederartige Schale.

Aale laichen im Atlantik. Die Jungtiere kehren nach Europa und Amerika zurück.

Welches Tier schwimmt Tausende von Kilometern, um in der Sargasso See zu laichen?

Die Süßwasser-Aale aus Europa und Nordamerika. Mit erstaunlicher Ausdauer wandern sie zunächst vom Süßwasser ins Salzwasser und schwimmen dann über 5 000 km in die Sargasso See. Dies ist eine etwa 8 Millionen qkm große Region treibender Tange im Atlantischen Ozean. Die Aale haben diese Stelle nie zuvor besucht und finden rein instinktmäßig dorthin. Aus den Eiern schlüpfen winzige Larven, die langsam zu den Flüssen in Europa und Nordamerika zurücktreiben – bei europäischen Aalen dauert dies drei Jahre. Die Altaale sterben nach dem Ablaichen.

Wie sieht die Kinderstube der Katzenhaie aus?

Fast alle Katzenhaie legen quadratische oder rechteckige Eier, die von einer zähen, ledrigen Hülle umgeben sind. An jeder Ecke tragen die Eier einen spiralig gewundenen Faden, der an Meerespflanzen hängenbleibt und so die Eier im flachen Wasser verankert. Das Ei enthält einen großen Dotter, von dem sich der kleine Fisch bis zum Schlüpfen 8–9 Monate lang ernährt.

Welches sind die größten Wirbellosen und warum leben sie im Meer?

Die Riesenkraken. Bekannt wurde ein Exemplar von 21 m Länge – möglicherweise werden sie aber noch größer. Wirbellose an Land werden nicht so groß, da Luft einen Körper weniger gut trägt als Wasser. Es ist daher auch kein Zufall, daß das größte Wirbeltier, der Blauwal, ebenfalls im Meer lebt.

Greift der Mörderwal Menschen an?

Nein, dieser riesige Räuber greift zwar auch Tiere an, die bedeutend größer sind als er, aber es ist kein Fall bekannt, in dem Menschen Ziel seines Angriffs waren.

Mörderwale werden dem Menschen nicht gefährlich.

Was sind Kiemen und welche Tiere haben Kiemen?

Kiemen sind feine, büschelförmige Organe, die dem Wasser Sauerstoff entziehen können. Fische und viele andere Wasserbewohner sind auf Kiemen angewiesen. So z.B. Weichtiere, wie die Muscheln und Tintenfische, aber auch Garnelen, Seeigel oder Kaulquappen. Bei manchen Tieren sind die Kiemen äußerlich sichtbar, meistens sind sie aber in einer wasserdurchlässigen Kammer verborgen.

Können Tintenfische hören?

Manche Tintenfischarten haben ein schwach entwickeltes Hörvermögen. Sie werden von Delphinen gejagt, die dazu sehr laute, niederfrequente Töne aussenden. Durch diesen Lärm wird das Hörorgan beschädigt und die Tiere kurzzeitig betäubt. So gelingt es dem Delphin, die Tintenfische zu schnappen, bevor diese ihn entdecken. Andere Tintenfischarten, denen jegliche Hörorgane fehlen, sind vor Delphinen besser geschützt. Ihre übrigen Sinnesorgane, besonders die Augen, sind weiter entwickelt und gleichen das fehlende Gehör aus.

Tintenfisch

Welches Tier wächst am langsamsten?

Eine Muschel der Tiefsee; sie wird nur etwa acht Millimeter groß, benötigt aber mehr als 90 Jahre, um diese Größe zu erreichen.

Welche Fische jagen mit Hilfe von Bakterien?

Die Laternenfische der tropischen Gewässer. Sie tragen unter jedem Auge einen großen, runden Sack von dem ein heller Lichtschein ausgeht – daher stammt auch ihr Name. Laternenfische erzeugen das Licht jedoch nicht selbst. Jeder Sack enthält Millionen von Bakterien, die das Wasser davor zum Leuchten bringen. Als Gegenleistung werden sie vom Fisch mit Nahrung versorgt. Laternenfische benutzen ihre Lichtquelle zu verschiedenen Zwecken. So wählen sie mit Hilfe des Lichtes die Beutetiere aus. Außerdem wirkt das Licht wie ein Köder, denn es lockt neugierige Fische an, die dann gefressen werden können.

Was ist Plankton?

Plankton besteht aus einer Vielzahl verschiedener, mikroskopisch kleiner Lebewesen, die auf der Meeresoberfläche treiben. Zum einen sind es winzige, einzellige Pflanzen, die ihre Nahrung mit Hilfe des Sonnenlichtes herstellen. Zum andern sind es winzige Tiere, die sich von diesen Pflanzen ernähren. Die Pflanzen werden auch „Phytoplankton“, die Tiere „Zooplankton“ genannt. Phytoplankton, das ist der Wald und die Weide der Meere – es liefert all die Nahrung, die die Meerestiere am Leben erhält. Obwohl man die meisten Planktonlebewesen nicht sehen kann, sind sie die wichtigsten Bewohner der Ozeane.

Wohin legen Seeschlangen ihre Eier?

Seeschlangen legen keine Eier, denn diese werden von den Weibchen bis zum Schlüpfen der Jungtiere im Körper getragen. Das Meer ist ein gefährlicher Ort für Eier. Es gibt kaum Stellen, an denen man sie verstecken kann, aber viele hungrige Mäuler, die bereits darauf warten. Meerestiere lösen das Problem auf zweierlei Weise. Entweder setzen sie Millionen von Eiern frei und verlasssen sich darauf, daß einige überleben werden oder sie tragen die Eier im Körper, wie die Seeschlangen, Haie oder einige andere Fische.

Wie kommt der Wellenläufer zu seinem Namen?

Der Wellenläufer ernährt sich von kleinen Fischen und Tintenfischen, die er an der Wasseroberfläche fängt. Dabei fliegt er knapp über dem Wasser und „planscht" mit den herabhängenden Füßen hinein, als ob er darauf laufen wollte. Diese Verhaltensweise brachte ihm den Namen „Wellenläufer" ein.

Welche Schnecke treibt mit einem Floß aus Luftblasen im Meer?

Die blau und violett gefärbte Veilchen- oder Floßschnecke (*Janthina*). Sie produziert einen klebrigen Schleim, den sie zu einer Masse luftumhüllter Blasen aufbläht. An diesem Floß hängt sie dann kopfüber, knapp unter der Wasseroberfläche und ernährt sich von den kleinen Lebewesen der oberen Wasserschicht. Der Wind treibt das Floß vor sich her, so daß die Schnecken mühelos von einem Ende des Ozeans zum andern gelangen.

Papageifisch mit deutlich sichtbarem „Schnabel"

Blauwal mit Jungem

Welches Tier wächst am schnellsten?

Das Blauwalbaby. Vom befruchteten Ei, das noch so klein ist, daß man es mit bloßem Auge nicht erkennen kann, wächst es bis zur Geburt (etwa 11 oder 12 Monate später) auf 3 Tonnen Gewicht heran und wiegt an seinem 1. Geburtstag bereits 25 Tonnen. Die ersten sechs oder sieben Monate nach der Geburt wird es von der Mutter mit dicker, nahrhafter Milch ernährt.

Kann die Mördermuschel einen Taucher am Bein packen und ertränken?

Nein, das ist ein weit verbreitetes Märchen. Wie die meisten schalentragenden Weichtiere, sind Mördermuscheln langsame Geschöpfe. Nur ihre Schalen schließen sich schnell. Daher müßte man tief schlafen, um von der Muschel am Bein gepackt zu werden.

Wo können wir einen Papageifisch finden?

In Korallenriffen. Die Fische werden so genannt, weil sie vorne am Maul zwei harte, aus zusammengewachsenen Zähnen bestehende Platten tragen. Diese Platten werden wie ein Vogelschnabel eingesetzt, um damit kleine Brocken von den Korallenriffen abzubeißen. Weitere Zähne im Rachen des Papageifisches zermahlen die Korallen. Anschließend wird der weiche lebende Teil der Koralle verdaut.

Flüsse

Nordamerikanischer Schlammteufel

Was ist ein Schlammteufel?

Schlammteufel sind mit den Salamandern verwandte Amphibien Nordamerikas. Im Gegensatz zu anderen Amphibien verbringen sie ihr ganzes Leben im Wasser und kommen nicht an Land. Daher blieben ihnen auch äußere Kiemen erhalten, mit denen sie Sauerstoff aus dem Wasser aufnehmen. Die meisten Amphibienarten verlieren die Kiemen während des Kaulquappenstadiums.

Wo findet man rosa Delphine?

Im Amazonas. Andere Flußdelphine sind grau oder braun, der Amazonasdelphin ist an der Unterseite hellrosa und am Rücken hellgrau. Da das Wasser, in dem Flußdelphine leben, durch Bodenteilchen stark getrübt ist, verfügen sie nur über eine geringe Sehkraft. Sie orientieren sich mit Hilfe der Echoortung.

Welches ist der größte Süßwasserfisch?

Der Königsfisch, der im Mekong in Südostasien lebt. Dieses seltene und schwer auffindbare Tier kann bis zu drei Meter lang werden.

Welches Tier trägt seine Jungen in einem wasserdichten Beutel?

Der Schwimmbeutler aus Mittel- und Südamerika. Er ist das einzige Beuteltier, das sich an ein Leben im Wasser angepaßt hat. Durch einen kräftigen Schließmuskel kann die Beutelöffnung wasserdicht verschlossen werden. Der Schwimmbeutler trägt bis zu fünf Junge mit sich, wenn er im Fluß Jagd auf Fische und Krebstiere macht.

Königsfisch

Welches Tier hat Schwierigkeiten, sich auf der Stelle zu halten?

Die Sturzbachente Südamerikas, die in den tosenden Flüssen der Anden zu Hause ist. Das Wasser schießt über steile Gefällstrecken, so daß die Ente ständig in Gefahr ist, weggespült zu werden. Um unter diesen Bedingungen überleben zu können, hat die Natur sie an den Zehen mit scharfen Krallen zum Festhalten an den Felsbrocken im Wasser und mit einem steifen Schwanz zum Abstützen ausgestattet. Die Sturzbachente ist ein hervorragender Schwimmer und hält sich auf der Stelle, indem sie ständig gegen die Strömung anschwimmt. Der Vorteil einer solchen Lebensweise ist das Fehlen anderer Wasservögel, da diese mit solchen Bedingungen nicht zurecht kommen. Wenig oder keine Konkurrenz ist für die Sturzbachente aber gleichbedeutend mit viel Futter.

Was ist an der Wasseramsel ungewöhnlich?

Obwohl Wasseramseln ihr Leben an Bächen und Flüssen verbringen, zeigen sie keine Merkmale einer Anpassung an das Leben im Wasser, wie z.B. Schwimmhäute. Charles Darwin bemerkte dazu, daß er eine Wasseramsel niemals für einen Wasservogel gehalten hätte, wenn er das Tier gesehen, aber dessen Lebensraum nicht gekannt hätte. Die Wasseramsel sitzt auf Felsen in langsam fließenden Gewässern und stürzt sich auf ihre Beute ins Wasser. Sie läuft flügelschlagend im Bachbett und bewegt sich so vorwärts. Darwin nahm an, daß sich die Wasseramsel erst vor kurzem aus einem Landvogel entwickelt hat, die Zeit für die natürliche Selektion aber nocht nicht ausreichte, um mit der Lebensform auch den Körper zu verändern.

Die Wasseramsel ist an ihr Leben im Wasser nicht richtig angepaßt.

Warum sind Süßwasserschnecken für Fische stehender Gewässer wichtig?

Ein gesunder See ist eine sich selbst kontrollierende Gemeinschaft von Pflanzen und Tieren, die zusammen in einem natürlichen Gleichgewicht stehen. Wird das Gleichgewicht gestört, kann die ganze Gemeinschaft gefährdet sein. So halten Süßwasserschnecken den Pflanzenwuchs unter Kontrolle und sorgen damit für ein Gleichgewicht der Gase im Wasser.

Flußkrebs

Wo lebt der Flußkrebs?

Der Flußkrebs ist, wie der Name schon sagt, in Flüssen und Seen zu finden, also im Süßwasser. Man kennt über 500 verschiedene Arten. Flußkrebse sind das Gegenstück zu den Hummern des Salzwassers, aber nicht ganz so groß. Da Flußkrebse zur Festigung ihres Außenskeletts viel Kalzium brauchen, findet man sie vor allem in kalkhaltigen Gewässern. Als Nachttiere selten zu sehen, machen sie im Dunkeln Jagd auf Insektenlarven, Schnecken und Kaulquappen.

Teiche und Sümpfe

Was ist ein Hammerkopf?

Der Hammerkopf ist ein Sumpfvogel aus Afrika, dessen Kopf von der Seite hammerartig aussieht. Bekannt ist dieser braune Vogel mit dem langen Schnabel und dem zurückgebogenen Kamm, vor allem wegen der riesigen Nester, die er in Bäumen baut. Diese etwas unordentlichen Gebilde aus Ästen und Schlamm haben einen Druchmesser von bis zu zwei Metern und werden oft auch von anderen Tieren benutzt.

Kann der Raubwels laufen?

Ja, er kann sich an Land fortbewegen, indem er die Vorderflossen als „Beine" benutzt. Er ist jedoch nicht in der Lage, wie ein Landtier beim Laufen den Bauch vom Boden zu lösen. Der Raubwels lebt in kleinen Tümpeln, die von Zeit zu Zeit austrocknen. Tritt dieser Fall ein, muß er sich auf die Suche nach einem neuen Teich begeben. Um sich vor dem Austrocknen zu schützen, hüllt er sich in einen dicken Schleimmantel. Neben Kiemen besitzt er außerdem kleine Luftsäcke, die wie Lungen funktionieren.

Welche Vögel haben Federn, die zu Staub zerfallen?

Die Reiher und ihre Verwandten. Dies passiert nur bei einem kleinen Teil von Federn, den „Puderdunen", die an einigen Stellen der Brust wachsen. Wenn sich die Vögel nach einer Mahlzeit putzen, verteilen sie den Puder auf andere Federn. Dieser Puder bindet das Fett ihrer Beutefische und erleichtert so die Reinigung des Gefieders.

Was ist ein Wasserläufer?

Der Wasserläufer, auch Wasserschneider genannt, ist ein schlankes Insekt mit spindelförmigem Körper, das Flüsse und Seen bewohnt. Er ist so leicht, daß er auf der Wasseroberfläche laufen kann, ohne einzusinken.

Wohin legt der Gelbrandkäfer seine Eier?

In die Blattstiele von Wasserlilien. Die Weibchen haben eine spitze Legeröhre (Organ zur Eiablage), mit der sie die Pflanzenstiele durchbohren. Innerhalb weniger Tage schlüpfen lange, dünne Larven, die die Stengel verlassen und am Gewässerboden umherkriechen. Diese Larven wachsen rasch und können eine Länge von 6 cm erreichen. Sie ähneln langbeinigen Ohrwürmern und sind gefräßige Räuber, deren Hauptnahrung zwar aus kleinen Wirbellosen besteht, die aber auch vor Kaulquappen und kleinen Fischchen nicht Halt machen.

Wo findet man auf den Bäumen Kaulquappen?

In den Regenwäldern des Amazonas. Dort wachsen hoch auf den Bäumen Bromelien. Das sind Pflanzen, deren Blätter kleine Wasserbehälter bilden, in denen sich das Regenwasser sammelt. Das Wasser dient der Ernährung der Pflanzen, ist aber zur gleichen Zeit ein „Teich auf den Bäumen", der von Libellen und Stechfliegen zur Eiablage benutzt wird. Einige Frösche tragen ihre Kaulquappen hier herauf, aber auch viele andere Kleintiere leben und brüten in diesen Seen hoch über dem Waldboden.

Warum hat das Flußpferd die Augen oben am Kopf?

Damit es sich möglichst weit eingetaucht im Wasser bewegen und suhlen kann. Aus dem gleichen Grund sitzen auch die Nasenöffnungen hoch über dem Maul – nur die Augen, Ohren und Nasenlöcher schauen aus dem Wasser heraus. Flußpferde müssen die meiste Zeit des Tages im Wasser verbringen, da ihre dünne Haut in der Sonne die Feuchtigkeit zu schnell verlieren würde.

Welcher Wasservogel trägt seine Jungen auf dem Rücken?

Dafür ist der Haubentaucher bekannt. Die Küken kriechen den Eltern ins Rückengefieder und unter die Flügel und lassen sich von ihnen befördern. Auf diese Weise können Mutter und Kinder schneller fliehen. Andernfalls wären die langsam schwimmenden Jungen für jeden Räuber eine leichte Beute.

Der Glockenreiher breitet seine Flügel aus, um die Wasseroberfläche beim Fischen zu beschatten.

Welcher Vogel beschattet das Wasser beim Jagen mit seinen Flügeln?

Der Glockenreiher aus Afrika. Er senkt seinen Kopf und fächert beide Flügel auf, so daß sie einen fast kreisrunden Schatten werfen. Möglicherweise werden die Fische ins schattige Wasser gelockt, vielleicht sind sie so auch einfach nur besser zu sehen.

Was frißt der Schneckenweih?

Der Schneckenweih ist ein Feinschmecker. Er frißt nur Süßwasserschnecken der Gattung *Pomacea*. Mit seiner verlängerten, oberen Schnabelhälfte löst er die Schnecken mit viel Geschick aus ihrer Schale, während er auf einem Bein steht.

Welche Vögel haben einen Ruf, der wie ein Nebelhorn klingt?

Rohrdommeln leben verborgen im Röhricht, Schilf oder anderem Pflanzenbewuchs, in dem sie sich verstecken können. An diesen Plätzen ist auch ihr Ruf zu hören, ohne daß man die Tiere selbst zu Gesicht bekommt. Zu Beginn der Paarungszeit werden die Luftröhren der Männchen größer und elastischer. Dadurch lassen sie sich aufblähen, was den Ruf so laut und volltönend macht. Rohrdommeln sind z.T. noch in einer Entfernung von 5 km zu hören.

Welche Tiere stehlen von Pflanzen Sauerstoff?

Manche Fliegenlarven verbringen die erste Zeit ihres Lebens in Teichen. Den nötigen Sauerstoff entnehmen sie mit einem spitzen Saugrohr den Luftkammern der Blätter von Wasserpflanzen.

Welche Gemeinsamkeit haben Wasserläufer und Rückenschwimmer?

Beide ernähren sich von anderen Insekten, die zufällig ins Wasser gefallen und ertrunken sind. Sie saugen diese winzigen Leichen, die auf der Wasseroberfläche treiben, mit Hilfe ihrer scharfen Mundwerkzeuge aus. Der Unterschied zwischen den beiden besteht darin, daß Wasserläufer auf dem Wasser leben, Rückenschwimmer hingegen unter Wasser, wo sie mit ihren kräftigen Beinen umherrudern. Sie sind Nahrungskonkurrenten – die hitzigen Kämpfe gewinnt in der Regel aber der agressivere Rückenschwimmer. Wird das Nahrungsangebot zu knapp, können beide Insekten ein anderes Gewässer anfliegen.

Welche Teichbewohner atmen durch „Schnorchel"?

Kleine Atemröhren, die aus dem Wasser ragen, sind eine der Möglichkeiten, mit denen Teichbewohner, wie z.B. Stechmückenlarven oder Larven von Wasserskorpionen, ihre Versorgung mit Sauerstoff sicherstellen.

Wie kam der Schlangenhalsvogel zu seinem Namen?

Auf Grund des langen, schlangenartigen Halses. Der in Afrika, Asien, Mittel- und Südamerika lebende Vogel jagt unter Wasser, indem er seinen Kopf vorschleudert und die Fische mit dem dolchartigen Schnabel aufspießt. Beim Schwimmen liegen die Vögel oft tief im Wasser, so daß nur Kopf und Hals zu sehen sind, was ihre schlangenartige Erscheinung noch betont.

Was machen Enten, wenn man nur noch ihren Schwanz aus dem Wasser ragen sieht?

Sie fressen Wasserpflanzen, die am Grund wachsen. Nicht alle Enten strecken ihr „Schwänzchen in die Höh", da sich nicht alle gleich ernähren.

Die Brandente sucht am Grund nach Futter.

Warum wird der Taumelkäfer so genannt?

Weil er auf ruhigen Gewässern in völlig unregelmäßigen spiralen und Kurven umhertaumelt. Niemand weiß, warum er sich so sonderbar verhält. Mitunter wird vermutet, daß die dabei erzeugten Wellen wie die Schallwellen von Fledermäusen bei der Echoortung wirken, daß also der Käfer die von einem Hindernis reflektierten Wellen wahrnimmt. Das ist jedoch eher unwahrscheinlich, da die Käfer immer in Gruppen auftreten und dann eine verwirrende Anzahl von Wellen erzeugen. Aus Beobachtungen schließen andere, daß die Käfer durch das Umhertaumeln Räubern zu entkommen oder sie vom Angriff abzuhalten versuchen.

Welche Motte verbringt ihr ganzes Leben unter Wasser?

Das Weibchen der Wassermotte. Dieses flügellose Tier lebt im Wasser und kommt nur zur Paarung an die Oberfläche. Das Männchen, das einer gewöhnlichen Motte gleicht, fliegt zum Weibchen auf die Wasseroberfläche und trägt es während der Paarung in der Luft, meist paaren sie sich aber auf der Wasserfläche. Die Weibchen legen ihre Eier an Wasserpflanzen ab. Mitunter schlüpfen daraus beflügelte Weibchen, die dann neue Teiche und Seen anfliegen und besiedeln.

Tanzen die Kraniche wirklich?

Ja – ihre Tänze kann man vor allem in der Paarungszeit beobachten, in der sich die Vögel auf das Brutgeschäft einstimmen. Die Kraniche verneigen sich voreinander, tanzen, hüpfen und laufen dann scheinbar ziellos wieder auseinander. Da die meisten Kraniche in entlegenen, sumpfigen Gebieten brüten, kennen nur wenige Menschen dieses eindrucksvolle Schauspiel.

Kranich

Ungewöhnliche Lebensräume

Welches Tier lebt auf Ölteichen?

Eine kleine Fliege, die in Gebieten Nordamerikas zu finden ist, in denen Erdöl aus dem Boden sprudelt. Sie lebt von Insekten, die zufällig in das Öl fallen und sich davon nicht mehr befreien können.

Welche Tiere bohren harten Fels an?

Verschiedene schalentragende Weichtiere sind dazu in der Lage, wie die Bohrmuschel, der Felsenbohrer oder die Steindattel. Diese Weichtiere haben z.T. scharfe Schalenränder, mit denen sie den Stein wie mit einer Säge durch Vor- und Rückwärtsbewegungen abraspeln können. Auf diese Weise bohren sie sich in weicherem Gestein, beispielsweise Kalk- oder Sandstein, nach und nach einen Weg.

Welche Tiere benötigen für ihre Nahrung die Wärme aus dem Erdinnern?

Tiere, die in den Heißwasserschloten der Meere leben. Diese Schlote findet man überall dort, wo der flüssige Erdkern bis nah an die Erdoberfläche reicht. Das Meerwasser dringt in die Schlote ein, erhitzt sich und schießt wieder empor. Obwohl dieses Wasser außerordentlich heiß ist, leben darin verschiedene Bakterien, die die Energie der in diesem Wasser reichlich gelösten Mineralien in Nährstoffe umsetzen können. Alle anderen Tiere in der Umgebung dieser Schlote, wie Bartwürmer, bestimmte Muscheln und Krebse, sind auf die Bakterien als Nahrung angewiesen.

Welche Tiere gestalten sich ihre Umwelt selbst, indem sie die Temperatur regulieren und ihr eigenes Futter anbauen?

Eine Termitenart namens *Macrotermes bellicosus*. Diese winzigen Insekten leben zu mehreren Millionen in großen Kolonien. Sie bauen sich einen hochaufragenden, bis zu 6 m hohen Erdhügel als Nest. Darin regeln spezielle Belüftungsschächte Temperatur und Luftfeuchtigkeit.

Welche Fische sind vollkommen blind?

Die Blindfische. Sie bewohnen unterirdische Höhlengewässer, in die das Licht nicht vordringen kann. Die fehlenden Sehorgane sind durch andere, entsprechend gut entwickelte Sinne ersetzt, so z.B. durch eine Echoortung, ähnlich der Fledermäuse. Sie erzeugen durch ihre Bewegung im Wasser Schwingungen, die dann von Hindernissen in der Umgebung zurückgeworfen werden. Blindfische können diese Reflexionen wahrnehmen und auf diese Weise ihre Beute orten.

Leben Bücherläuse wirklich in Büchern?

Ja. Dieses winzige Insekt ernährt sich vom Leim, der zum Binden der Bücher verwendet wird. Viele der neuen Leimarten sind nicht genießbar, aber Bücherläuse sind keine Feinschmecker. Sie leben auch von Krümeln, die vom Tisch zu Boden fallen und können sich in jedem Winkel des Hauses verstecken.

Welche Affen halten sich in heißem Wasser warm?

Die Rotgesichtsmakaken Japans, eine Affenart, die sich am weitesten nach Norden vorwagt und als eine von wenigen Schnee kennt. Sie haben ein dichteres Fell als andere Affen, leiden aber dennoch unter den Temperaturen, die im Winter bei 0° C liegen. Die kältesten Tage überstehen sie dadurch, daß sie bis zum Hals in Thermalquellen steigen – Quellen, die mit heißem Wasser aus dem Erdinnern gespeist werden.

Was ist ein Kopje und welche Tiere leben darauf?

Ein Kopje ist eine „Felseninsel“ der Savannen Afrikas. Diese Inseln aus Granitgestein sind mit einer Höhe bis zu 30 m so groß, daß sie eigenen Lebensgemeinschaften Raum bieten. Dort wachsen Büsche und Bäume, die Insekten, Dikdiks (Zwergantilopen), Pavianfamilien und dem Kapklippschliefer (einem Säugetier) Nahrung liefern. Eidechsen ernähren sich wiederum von den Insekten und verschiedene Raubvögel von den Klippschliefern. Eine Falkenart mit besonders langen Beinen frißt z.B. Eidechsen, die in den Felsspalten sitzen. Auf der Seite liegend, die Flügel nach hinten, die Beine ausgestreckt, kann dieser Falke in die engen Spalten greifen und die darin sitzenden Tiere mit seinen Krallen schnappen.

Kopjen in der afrikanischen Savanne.

Welche Vögel können wie Fledermäuse mit Hilfe von Echoortung im Dunkeln „sehen“?

Höhlenbrüter, wie der Fettschwalm aus der Karibik und Südamerika oder die Salanganen aus Südostasien. Der Fettschwalm ist unter den Vögeln der einzige nachtaktive Fruchtfresser. Salanganen ernähren sich von Insekten. Beide Vogelarten verwenden Echoortung, senden aber keine Töne im Ultraschallbereich aus, wie die Fledermäuse, sondern ein hörbares Schnalzen. In Höhlen zu brüten, schützt sie vor vielen Feinden.

Welche Tiere setzen sich an Walen fest, ohne Parasiten zu sein?

Seepocken. Sie bevorzugen dabei Glatt- und Buckelwale, die am Kopf wulsartige Auswüchse haben. Diese Stellen werden von Parasiten befallen, aber auch zahlreiche Seepocken setzen sich dort fest, ohne allerdings dem Wal zu schaden. Warum Wale solche Wucherungen haben, ist nicht bekannt. Für die Seepocken scheint der Wal einfach ein geeigneter Untergrund zu sein, denn man findet sie heute oft auch an großen Öltankern. Das deutet darauf hin, daß der Wal den Seepocken nicht viel mehr als eine geeignete Fläche zum Festsetzen bietet.

Rotgesichtsmakaken baden in heißen Quellen, um sich im Winter warm zu halten.

Register

ILLUSTRATOREN

Graham Austin 4–9, 41–51
Bob Bampton 11–17
Norma Burgin 88, 89, 94, 95, 98, 99, 101, 111, 112, 117
Steve Crosby 52–61, 82, 90, 91, 107, 108, 110, 115, 118, 119
Steve Holden 120–133
David Holmes 62–77
Patricia Newell 78, 86, 87, 96, 97
Denys Ovendon 18–41
John Thompson 120, 133

BILDNACHWEIS

Wir danken folgenden Personen und Institutionen, die uns freundlicherweise Bildmaterial zur Verfügung gestellt haben:

Seite 5 Zambian Tourist Board; 12 Biofotos; 20 Biofotos; 21 Biofotos; 22 Michael Chinery *oben* Pat Morris *unten*; 23 N.H.P.A.; 26 Biofotos; 28 Natur Photographers; 30 Gene Cox; 31 N.H.P.A.; 38 Biofotos; 39 Pat Morris; 43 Biofotos; 46 R. Thompson *oben* N.H.P.A. *unten*; 47 Seaphoto; 50 N.H.P.A.; 53 Bruce Coleman; 60 Pat Morris; 61 N.H.P.A.; 64 Pat Morris; 65 Pat Morris; 71 Brian Hawkes; 72 N.H.P.A.; 78 G. R. Roberts; 81 A.N.I.B.; 89 Pat Morris; 90 Pat Morris; 92 Pat Morris; 94 Rao; 101 Pat Morris; 117 Bruce Coleman; 118 N.H.P.A.

Bildbeschaffung: Elaine Willis